校内研究の
新しいかたち

エビデンスにもとづいた教育課題解決のために

小 泉 令 三　　西 山 久 子
納 富 恵 子　　脇 田 哲 郎　　著

北 大 路 書 房

はじめに

　本書で対象とする校内研究は，学校全体や学年全体で実施されている実践研究のことである。日本の学校では，さまざまな規模で校内研究が実施されていて，それによって教師の実践力が高まっている。そこで得られた成果と課題を他校に確実につなぐためにはどうしたらよいのか，というのが私たちの最大の関心である。その鍵となるのが，エビデンス（客観的根拠，科学的根拠）だと考えている。「こうすれば成果が出た。このやり方であればこれまでの課題を克服できた」ということを表すエビデンスを示すことができれば，他校でも同じやり方を採用して教育効果をあげることが期待できる。また，それを土台にして，さらに高い教育効果をめざした取り組みへと改善を進めることができる。

　現在のところ，校内研究の成果が実施した学校や教師個人の実践力の向上にはつながっているが，それが他校での実践につながっているかどうかは疑問である。下の図の中の（a）の段階から，（b）やさらに（c）の状態へともっていくことができれば，より一般的な成果として報告することができる。

　本書は，校内での研究を計画し，全校や学年での校内研究をリードする立場の教師や管理職，またそうした校内研究を指導したり助言したりする立場にある指導主事を対象としている。ぜひ，本書がそうした立場の教師に参考になり，より質の高い実践研究となるための助けになることを願っている。そうして高められた実践研究（図の（c））が，現在，教育界に求められている「理論と実践の融合」につながると確信している。

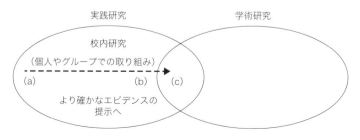

図　本書における「校内研究」の位置づけ

ここで簡単に本書出版までの経緯を述べておきたい。本書の執筆者4人は福岡教育大学大学院教育学研究科教職実践専攻，すなわち教職大学院の担当教員である。それぞれの専門領域や経歴はさまざまであるが，「子どもの学校適応の促進」を大きな旗印として，4人で協力して生徒指導・教育相談リーダーコース（2020年現在）の大学院生（県・政令市の長期派遣研修教員等）の指導にあたってきた。

　とくに，従来の大学院修士課程で課されていた修士論文にかわるものとして，各大学院生が課題を設定してその解決に取り組む課題演習という科目の指導で力を合わせてきた。そこでのテーマは，単に大学院生個人の興味関心に基づくものではなく，学校の教育課題に焦点を当ててきた。むろんそうした教育課題は不登校，いじめ，学校の荒れ，特別な教育的ニーズへの対応など大きなものばかりである。そこで，それらに対して何らかの切り口を提案してひとつの解決方法を試み，その成果を検証するという方法をとってきた。

　この指導の過程でつねに悩んできたのが，教職大学院の特色のひとつである「理論と実践の融合」はどうあるべきかという点であった。その答えのひとつが，エビデンスを示すことができる校内研究の実践ではないかと考えている。前ページの図でいえば，(c) の状態をめざすことである。正直なところ，まだ完全な道筋を示すことが出来たとは考えていないが，これまでの指導の経験や指導過程の中で得られたノウハウと知見をまとめて，関係する方々の今後の取り組みに活かすことが出来ればと切に願っている。

　最後になったが，本書出版については北大路書房の奥野浩之氏と編集部の大出ひすい氏に大変お世話になった。本書の価値を理解していただいただけでなく，原稿の遅れを辛抱強く待ち，また編集の過程では的確な指摘をいただいた。心から厚くお礼申し上げたい。

2020年8月

　　　　　　　　　　小泉令三，西山久子，納富恵子，脇田哲郎

目　次

はじめに　　iii

序　章　校内研究の新しいかたちをめざして ……………………………… 1
　　　1．校内研究の新しいかたちとは　　2
　　　2．エビデンス不足の実態　　4
　　　3．本書の特徴と読み方　　6

第1章　学校の課題（ニーズ）をアセスメントする ……………………… 9
　　　1．学校経営計画と校内研究　　10
　　　2．学校経営に校内研究を位置づける手順　　12
　　　3．校内研究推進上の課題　　14
　　　4．学校における課題把握の方法　　16
　　　5．校内研究の改善の方向　　18

第2章　実践研究の主題を決める ……………………………………… 21
　　　1．施策と学校課題のつながり　　22
　　　2．取り組みの切り口　　24
　　　3．課題の範囲　　26
　　　4．先行実践・報告集集め　　28
　　　5．先行研究の取り組みの検討　　30
　　　6．目的と手段・方法の区別　　32

第3章　実施計画をつくる …………………………………………… 35
　　　1．目標を明確にする　　36
　　　2．校内のシステムづくり　　38
　　　3．研究デザインを決める①：5W　　40
　　　4．研究デザインを決める②：1H　　42
　　　5．教育効果の測定①：「ものさし」の選択　　44
　　　6．教育効果の測定②：ベースラインの確認　　46
　　　7．保護者や地域社会との連携を図る　　48
　　　8．スケジュールを決める　　50

9．研究倫理を守る　　52

第4章　試行的な実践を行う……………………………………………………　55
　1．試行的な実践の必要性　　56
　2．試行的実践の成果と課題の共有　　58
　3．実施計画の練り直し　　62
　4．試行的実践のまとめ　　64
　5．全校的な取り組みへの展開　　66

第5章　教育実践を行う……………………………………………………………　69
　1．教育課程への位置づけの工夫　　70
　2．既存組織（学年会）の活用　　72
　3．少数のクラスから学年全体の取り組みへ　　74
　4．学年の取り組みを全学年へ広げる　　76
　5．校務分掌の改善への工夫　　78
　6．中学校ブロックでの推進組織づくり　　80
　7．研究推進委員会への組織的コンサルテーション　　82
　8．若手教職員や同僚へのコンサルテーション　　84
　9．研究推進だより（ニュースレター）の活用　　86
　10．校内研修の工夫　　88

第6章　実践の結果を記録する……………………………………………………　91
　1．結果の分析：多様な結果　　92
　2．結果の分析：集合的結果　　94
　3．結果の分析：個別的結果　　96
　4．インタビュー　　98
　5．統計処理の選択　　100
　6．結果の表示：表・グラフ・図　　102
　7．実践経過・結果の記述：記述の内容（分厚い記述）　　104
　8．実践結果の記述：経過の記録　　106
　9．実践結果の記述：文章のつづり方　　108
　10．設定された目標への到達度　　110
　11．目標外の意外な結果の記述　　112

第7章　考察をまとめる……………………………………………………… 115
　　1．考察の柱を立てる　　116
　　2．目的と結果を示す　　118
　　3．これまでの実践成果との比較　　120
　　4．限界と今後の課題　　122

第8章　報告（レポート）にまとめる ………………………………… 125
　　1．報告（レポート）にまとめる意味と学校がつくる報告書　　126
　　2．従来の報告書に掲載されている内容　　128
　　3．報告書に記載したいこと　　130
　　4．相手に応じた報告書の書き方　　132
　　5．これからの校内研究の方向と報告書にまとめる内容　　134

第9章　結果（エビデンス）を発信する（報告会を行う）……………… 137
　　1．研究指定校などの研究結果の発信　　138
　　2．校内研究のかたちを変えようと取り組んでいる学校の工夫　　140
　　3．研究発表会までのスケジュール管理　　142
　　4．研究発表会時に行うアンケート調査　　144
　　5．研究発表会で報告した成果と課題の活かし方　　146

補　章　実践論文としてまとめる…………………………………………… 149
　　1．どの雑誌にするかを決める　　150
　　2．投稿規定や執筆要綱を調べる　　152
　　3．実践論文執筆の留意点　　154

ワークの解答（例）・解説　　157
付録　　167
引用文献　　169
索引　　175

序　章

校内研究の新しいかたちをめざして

　序章では,「校内研究の新しいかたち」とは何を意味しているのかを説明する。第1章からの本論に入る前に,本書がめざしているものを手短に説明するのがこの章の目的である。つまり,読者に伝えたいことのエッセンスとも言えよう。

　説明の中に少しばかり耳慣れない用語やことばがあるかもしれないが,まずは序章を読んでいただきたい。これに続く章のよいガイダンスになることを期待している。

1.　校内研究の新しいかたちとは
2.　エビデンス不足の実態
3.　本書の特徴と読み方

1 校内研究の新しいかたちとは

■ 1 ◢ 校内研究の「新しいかたち」とは

　これまで，校内研究や教育実践研究に関する類書が何冊か出版されている。また，各地方自治体の教育センター等のホームページには，誰でも見ることができるように校内研究や校内研修のためのてびきが掲載されている。それらは，各学校の教育実践の進展にさまざまなかたちで寄与してきた。

　それでは，本書でいう校内研究の「新しいかたち」とは何なのか。その3つのポイント①～③を図-序1に示したので，順に説明を行う。

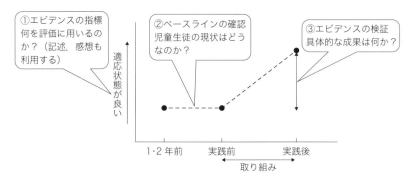

図-序1 「新しい校内研究」の3つのポイント

■ 2 ◢ ①エビデンスの指標

　これからの実践研究では，エビデンス（客観的根拠，科学的根拠）を求められることが多くなると予想される。この点が，本書のもっとも注目する点である。実際に学校で何かの取り組みを行う場合，まず確認すべき点が，何を評価の指標（ものさし）にするのかという点である。その指標（ものさし）によって，取り組みの成果を確認できるものでなければならない。

　例えば，不登校の児童生徒が多いので，取り組みを始めるとする。その取り組みの効果は，まずは不登校児童生徒数が減ったのかどうかで確認するのが最もわかりやすい。これまで長く，年間30日以上の欠席を不登校とするという

基準が使われてきたので，その基準での欠席者の数は重要な指標である。また，実際の不登校になる前に，子どもが示す行動（例：遅刻，早退）やあるいは学級での居心地の良さをアンケートで調べることも可能である。

　それでは，いじめや学習意欲などは，どうやってその取り組みの効果を他者が見てわかるかたちで確認するのかというと，これはそれほど簡単な話ではない。エビデンスの指標が曖昧だと，取り組みのねらいの達成を確認することが難しくなる。したがって，まずエビデンスの指標を決める必要がある。

3　②ベースラインの確認

　ベースラインとは「基準となる線」を意味するが，学校での取り組みでいえば，取り組み前の状態や実態である。特に，取り組みを開始する前の１時点（事前）だけでなく，それまでの過去の一定期間の状態をさしている。

　不登校の例でいえば，取り組みを始める前の年度の不登校児童生徒数だけでなく，その学校の過去何年間かの不登校数を調べるとよい。さらに，それぞれの学年の入学時点からの欠席者数の推移を確認すると，入学年度による児童生徒の特徴もつかむことができる。たとえば不登校生が他の学年より多い年度生が卒業すると，翌年は一見，全校の不登校児童生徒数が減少したように見えるが，これは取り組みの成果とはいえないだろう。

　子どもの学校適応を考えるときに，このベースラインをきちんと調べ確認することによっていねいに実態把握ができるとともに，取り組み後の状態との比較が明確になる。

4　③エビデンスの検証

　図-序1に示したように，取り組み後の適応状態を調べてベースラインとのちがい（差）を見てみれば，取り組みの効果を示すことができる。ベースラインがしっかりと確認されていれば，得られた成果が実施した取り組みによる可能性が高まる。

　ただし，この差は「偶然生じたものかもしれない」し，あるいは「他に改善の原因があるのかもしれない」という可能性はある。これらの可能性を消すためには，児童生徒の反応や取り組み中の感想などを細かく分析したり，あるいは指導者である教職員の感想・手応え等をていねいに集めたりして，今回の取り組みによる効果なのだということを示す必要があるだろう。

2 エビデンス不足の実態

1 エビデンスが不足するとどうなるのか

　校内研究や実践研究の現場に関わってみると，研究に関わった教員の実践力が確実に向上していくのを感じることが多い。これは，その学校全体の教育力が高まっていくことを意味している。しかし，その研究成果が他の学校や地域での実践の広がりに貢献しているかというと，必ずしもそうではない。

　また，その実践研究によって，「このような取り組みをすれば，こうした教育効果が得られる」といった明確な根拠が示され，教育行政を動かすような事例もほとんど見られない。もっと教育環境を整えるべきだ，もっと財源を投じて教育に力を入れるべきだと教育関係者は考えるが，簡単には教育行政は動いてくれず，そこに実践研究が貢献することは少ない。

　こうした事態で求められるのが，実践の広がりや教育行政への要求の根拠となるエビデンスである。しかし，現状ではそうしたエビデンスを示せる校内研究は少ない。その原因は，①実践効果の確認方法が限定的である，②子どもの変容が確認しにくい，③その実践が本当に効果があるのかが明確でない，の3点にあるのではないだろうか。以下に順に説明しよう。

2 エビデンス不足の原因①：実践効果の確認方法が限定的である

　これは，たとえば実践の効果を学習の過程や学習中のようすなどだけで示していて，最終的な教育成果がはっきりしていない場合である。確実に教育成果が得られ，子どもの成長があったという確認ができないのである。また，特定の子どもやグループの学びの過程や成果だけが示されている場合も効果が確認しにくい。同じ学習をした他の子どもはどうだったのか，あるいは全体でどのような教育効果が得られたのかという点が不明瞭な場合が該当する。

　表-序1は教科学習で実践効果を確認するためによく見られる資料の例だが，この表でいえば「特定個人」の「質的な資料」に偏っていることが多い。より幅広く検討する必要があり，表でいえば4つの枠組みのすべてを視野に入れて，適切な資料を選ぶことが望ましい。本書では，この点から，「エビデンスの指標」に注目している。

表-序1　教科学習での実践効果確認の資料の例

	質的な資料	量的な資料
特定個人	● 学習中のようす ● 学習ノートの内容 ● 学習後の感想	● 取り組んだ課題数 ● 正答数 ● 発言回数
集団（グループ）	● 学習への取り組みのようす ● 学習成果の感想 ● 授業中の発言内容	● 正答数の平均 ● 課題の達成率 ● 発言回数の総数

3　エビデンス不足の原因②：子どもの変容が確認しにくい

　これは，取り組みの前後でどのような変容があったのかがわかりにくいこと を意味している。特に，取り組みを始める前に，子どもやあるいは場合によっ ては指導にあたる教員の実態がどのようなものだったのかという点で，説明が 十分でないと，本当に変容があったのかどうかが証明されない。

　たとえば，校内研究をまとめた報告書などでは，よく「本校の児童生徒の実 態」として項目が設けられていることが多い。しかし，そのなかで「○○は不 十分である」とか「××という問題が見られる」といった記述があるが，その 根拠があいまいで，また十分な資料やデータが示されていないことが多い。

　この場合，事前の児童生徒や教員の状況を，ある程度の期間についてていね いに確認する必要がある。これを本書では，「ベースラインの確認」という点 から迫ることにした。

4　エビデンス不足の原因③：その実践が本当に効果があるのかが不明確

　これは，これまで説明してきた①と②に深く関係している。最終的に，どの ような実践効果があったのかが不明瞭な場合である。極端な場合，確かに何ら かの取り組みが行われたが，それが本当にねらいとした効果につながっている のかどうかがわからないことがある。「今回の取り組みで，このように改善し たり向上したりした」と明確に伝えらえるような校内研究の進め方が望まれる。

　本書では，この問題については，「エビデンスの検証」として説明を行う。こ れは，校内研究の成果をより多くの人が確認して，それを基盤にしてさらに別 の学校や地域でも校内研究を進めていけるようにするためである。

3 本書の特徴と読み方

1 「校内研究」とは

　ここまで，校内研究という言葉をはっきりと説明しないままに使ってきた。本書では，校内研究を「学校内で教職員集団が校内研修等を通して進める実践研究」ということで使用している。したがって，本書の中で「校内研修」や「実践研究」といった名称で書かれていても，意味するところは同じであると考えてほしい。なお，下の図-序2に示したように教職員集団での研究と個人研究，校内研修と校外研修，そして実践研究と学術研究という対比関係がある。

図-序2　校内研究の位置づけ

2 トップダウン型とボトムアップ型

　校内研究は大別すると，教育委員会等の研究指定を受けて開始されるいわゆる「トップダウン型」と，そうした指定とは関係なくその学校の教育課題の解決のために実施される「ボトムアップ型」がある。

　本書で特に注目したエビデンスの重要性は，どちらの校内研究でも同じである。研究成果をまとめて自校の実践の改善に活かすいわゆる PDCA サイクルに乗せるだけでなく，他校の実践につなぐためにはエビデンスをきちんと示す必要があるからである。

　ただ，具体的な研究の進め方に関しては，本書の記述の多くは「ボトムアップ型」を事例としてあげている。それは紹介する具体例の多くが，本書執筆者

がこの 10 年ほどの間に福岡教育大学教職大学院の生徒指導・教育相談リーダーコースで，大学院生の指導に当たってきた過程で収集した資料にもとづくものだからである。本コースの大学院生は，ほとんどが県・政令市の長期派遣研修教員であり，それぞれの在籍校の教育課題への取り組みを自らの研修課題として取り上げてきた。その際のアプローチは，どうしても新たな切り口の提案となるため，「ボトムアップ型」となることが多い。こうした背景があることを理解していただきたい。

3　本書の構成と読み方

　目次を見てもらえばわかるように，本書の構成は基本的に校内研究の開始から実践終了に至るまでの経過にしたがっている。すなわち，学校の課題のアセスメントに始まり，主題の設定，計画立案，試行の実践，全校での実践，結果の記録というように進み，その後，考察，報告，結果の発信と続く。なお，最後の実践論文のまとめ方については，該当する場合に参考にしてもらえばよい。

　本書が対象としている読者は，「はじめに」にも書いたように学校内で校内研究をリードする立場の教員や，学校を指導する役目を負っている指導主事である。そうした方々には，次の点を大切にしてほしい。

①できるだけ図表を入れ，また資料を示すようにしたので，それらをていねいに読み込んでいただきたい。

②随所に，ワークを演習として入れてある。自分の学校や，今まさに取り組もうとしている課題に関して，自分なりの回答を試みて欲しい。そうすれば，それに関連して書かれている説明の理解が進むはずである。なお，巻末に解答（あるいは解答例）を用意してあるワークもあるので，参考にしてほしい。

③不明な点は引用文献をたどってもらうと，具体的な方法や実践のようすがわかりやすくなるであろう。

　正直なところ，本文の説明だけで著者が伝えたいと思うことを理解するのは難しい場合があるだろうと予想する。資料に示した例や具体的実践に触れ，かつワークで自分の課題への適用を試みたりすれば，具体像を把握しやすくなるだろう。ぜひ，じっくりと読み込んでいただきたい。

第1章

学校の課題(ニーズ)をアセスメントする

　第1章では，校内研究がなぜ行われるのかを学校経営との関係から述べる。
　また，学校の教育目標や重点目標と研究主題や副主題との関係，校内研究を
推進していくうえでの課題を明らかにする。ワークでは，自校の研究主題や副
主題と学校の教育目標や重点目標との関係を再考するようにしている。
　科学的な根拠に基づく校内研究を進めるためにも，今一度，学校や自分の研
究を振り返ってみよう。

1. 学校経営計画と校内研究
2. 学校経営に校内研究を位置づける手順
3. 校内研究推進上の課題
4. 学校における課題把握の方法
5. 校内研究の改善の方向

1 学校経営計画と校内研究

1 学校における教育研究

　校内研究は，自校の児童生徒をめざす姿に育成するために，校内研究のテーマ（主題）を設定し，全ての教職員によって計画的・組織的に取り組まれるものである。このことから，校内研究のテーマは，安易に「学習指導要領が改訂されたから」，「学力向上が求められているから」という理由で設定されるものではない。校内研究は，自校の子どもたちをどのような子どもたちに育てたいのか，という明確な目標に向かって全職員が協働して取り組むことをめざした学校経営計画に位置づけて推進することが求められる。この学校経営計画が明確に示されたものが学校経営要綱である。学校経営要綱は，校長の経営ビジョンを実現するための経営の流れを考慮して作成されるものである（図 1-1）。

　図 1-1 の学校経営要綱（例）に示した校内研究の手順については，次節（学校経営に校内研究を位置づける手順）で詳しく述べる。

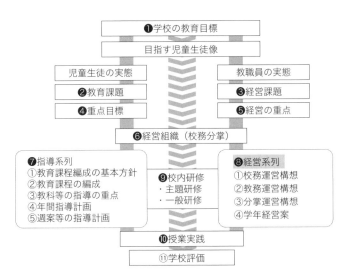

図 1-1　校内研修を計画的・組織的に推進する学校経営要綱（例）
（福岡県教育センター，2014）

10

2　教員にとっての校内研究

　教員はなぜ，校内研究に取り組むのだろうか。それは，教員一人ひとりの実践的指導力を向上させるためである。教員が，校内研究によって教科等の本質を理解し，各教科等の特質に応じた指導方法を向上させれば，結果として子どもたちに楽しくわかりやすい授業を提供することができる。

　小学校・中学校学習指導要領（平成 29 年度告示）（文部科学省，2017），高等学校学習指導要領（平成 30 年告示）（文部科学省，2018）（以下，学習指導要領）には，変化の激しい時代を生き抜く児童生徒を育成するために，解決しなければならない様々な課題が示された。

　たとえば，教育活動の質の向上をめざして，すべての教員にカリキュラム・マネジメントができる力量を育成していくことが求められている。

　また，すべての教科等で育成する資質・能力を明らかにすることや，それらを育成する教科等の授業で主体的・対話的で深い学びが実現するように改善を図ることが求められている。さらに，地域社会とのつながりを強固にして，児童生徒に豊かな教育活動を提供することができるように，コミュニティ・スクールの推進や，異校種の接続を円滑にして児童生徒の教育課題に対応しようとする小中一貫教育などの推進も求められている。そして，学習指導要領には，現代的な諸課題に対応する資質・能力を，教科横断的な視点で育成することができるよう，各学校の特色を生かした教育課程の編成を図ることも述べられている。中央教育審議会の答申には，現代的な諸課題に対応して求められる資質・能力について「健康，安全，食に関する力・主権者として求められる力・新たな価値を生み出す豊かな創造性・多様な他者と協働しながら目標に向かって挑戦する力・地域創生等に生かす力・持続可能な社会を作る力・豊かなスポーツライフを実現する力など」が示された。

　このように，学校が解決しなければならない課題は多様である。しかしながら，これらの課題に対応するには，教員個々の努力だけでは限界がある。そこで，教員の指導力を校内研修によって向上させていかなければならない。つまり，学校がチームとして校内研究を進めていく態勢が求められてくるのである。次ページに記した学校経営と校内研究の関係はこれを示している。

2 学校経営に校内研究を位置づける手順

1 学校経営と校内研究

本節では，前節（学校経営計画と校内研究）に示した図 1-1 の学校経営要綱（例）に沿って説明する。

まず**❶学校の教育目標**が示される。学校の教育目標は，各学校が，自ら行う教育活動を通じて，そこに在籍する児童生徒にどのような資質や能力，学力や，人間性を身につけようとするのかを独自に表現するものである。

次に，学校の教育目標に照らしたとき，児童生徒の実態を生み出している課題が**❷教育課題**であり，教職員や学校の組織の実態を生み出している課題が**❸経営課題**である。さらに，児童生徒を変容させて教育課題を解決するために，本年度 1 年で取り組む目標が**❹重点目標**である。重点目標の設定段階では，各教科，道徳科，外国語活動，総合的な学習の時間，特別活動の，どの教科等で目標を達成するのかを明らかにする。**❺経営の重点**は，**❸経営課題**を受け，教職員や校内組織を変容させるための具体的な内容及び方法を明らかにするものであり，**❹重点目標**を達成するための具体的な解決方法という関係で共通の内容をもっている。**❹重点目標**と**❺経営の重点**の内容を各担当者や学級担任に理解させ，共通に実践させるための**❻経営組織**が「校務分掌組織」である。これまで述べた**❶**〜**❻**までの手順をK小学校では次のようにたどった。

> K小学校の重点目標（**❹**）は，「よりよい人間関係を築こうとする子供の育成」である。この目標は，3 年生以上の児童に実施した hyper-QU（よりよい学校生活と友達づくりのためのアンケート（河村，2000））から見えてきた「よりよい人間関係を形成することに困難さが見られる児童が各学級に複数存在する。」ことから設定されたものである（**❷**）。K小学校では，この目標を達成するために，児童相互の人間関係を深める特別活動の学級活動（1）の自発的・自治的活動を充実させることにし，全学級で学級活動（1）が実施されるよう，校内研究推進部を中心に課題解決に当たるようにした（**❺**）。（池上，2019）

　重点目標を実現するために教育課程の編成の手順や配慮すべき内容を明らかにしたものが，❼指導系列のなかの①教育課程編成の基本方針である。前述のK小学校では，特別活動の学級活動（1）を課題解決の具体的な方策として設定した。次に，指導内容の選択，指導内容の組織，授業時間の配当を明らかにするのが❼-②教育課程の編成である。さらに，この教育課程の編成を受け教科等の指導内容や指導方法を明らかにするのが❼-③教科等の指導の重点であり，この重点に基づいて❼-④年間指導計画が作成され，この計画に基づいて❼-⑤各学級担任の週案に単元名が反映され，確実に授業実践が行われることになる。そして，重点目標と経営の重点を受けて，どの教職員がどの組織で目標を達成するのかを示したものが，❽経営系列のなかの①校務運営構想である。この校務運営構想は，組織運営の要となるものであり副校長や教頭が作成する。この校務運営構想を受けて教務主任や主幹教諭が作成するのが，❽-②教務運営構想であり，教育課程編成の要となる。

　さらに，重点目標と経営の重点を解決するための研修内容と方法を明らかにするのが❾校内研修であり，通常，主題研究と一般研修で構成されている。

✎ ワーク　1-1

自校の校内研究主題（テーマ）と自校の学校の教育目標・重点目標がどのような関係にあるのかを話し合ってみよう。

自校の研究主題（テーマ）	
自校の学校教育目標・重点目標	
研究主題（テーマ）と学校教育目標・重点目標との関係	

3 校内研究推進上の課題

1 学校が研究主題を決定する際の課題

　各学校は，研究主題を設定する際，何を根拠に設定しているのだろうか。

　自校の児童生徒の教育課題を明らかにするために知育の観点から「学力テストの結果」をみたり，徳育の観点から「生徒指導上の問題行動の発生状況」をみたり，体育の観点から「体力テストの結果や健康問題」をみたりする詳細な実態把握を行ってから研究主題が設定されているのだろうか。

　図1-2は，福岡県教育庁の福岡教育事務所が2017年に調査した研究主題の分類である。本調査の分類は，学校運営組織づくり，教育課程編成の工夫改善，特別支援教育などを「Ⅰ学校経営全般に関する研究分野」，伝統や文化に関する教育，情報教育，国際理解教育などを「Ⅱ教科等を横断する教育に関する研究分野」，全教科の学習指導，一部教科等の学習指導，道徳科の指導などを「Ⅲ学習指導法の在り方に関する研究分野」としている。本調査では，圧倒的に「第Ⅲ分野」が多く，管内の小中学校の159校（85%）が取り組んでいる。図1-3は，福岡教育事務所管内の小中学校の研究主題を「知育」「徳育」「体育」のいずれに関係あるのかを調べたグラフである。知・徳・体は，各学校がバランスよく推進しなければならない教育活動であるが，これを見る限り「知育」に関する研究主題を設定している小中学校が83%であり，各学校の児童生徒の教育課題や経営課題を解決する方策としての校内研究には偏りがある。

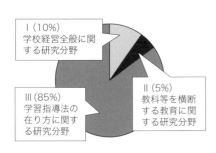

図1-2　研究主題の分類
（福岡県教育庁福岡教育事務所，2017）

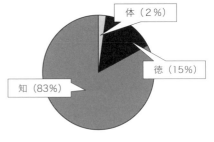

図1-3　研究主題と知，徳，体との関係
（福岡県教育庁福岡教育事務所，2017）

2　学力向上偏重への課題

　主題研修とは，各学校が自校の教育課題を解決するために研究主題を設定して，全職員が協働で課題解決にあたる職員研修のことだが，これとは別に，校内研究には今日的な教育課題や学習指導要領の改訂に伴う課題等について研修し教養を深める一般研修という職員研修がある。

　図1-4は，福岡教育事務所が2015年に管内の小中学校の一般研修でどのような研修が行われているのかを調査した結果である。

　これをみると「国語科」や「社会科」の授業づくりに関する研修が13校と最も多く，次いで「学力向上プラン」や「全国学力・学習状況調査」に関する研修など学力・体力に関する研修が11校で行われている。

　近年，学校は，全国学力・学習状況調査に影響されてか，教科の指導法や調査関連の研修が盛んに行われているようである。教師の本務は「授業力向上」「学力向上」といわれるが，児童生徒の学力向上に関する課題は，教師の教科等の指導方法を明らかにしたり指導技術を向上したりすれば解決するのであろうか。児童生徒が学習に集中できない教室環境や教師との関係，児童生徒相互の関係が影響を及ぼしているのではないだろうか。また，体力や健康に関する課題が原因で学習に集中できていない問題はないのだろうか。いずれにしても，きめの細かい実態把握が必要となってくると考える。

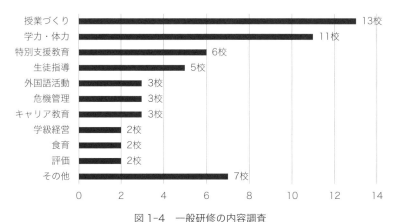

図1-4　一般研修の内容調査
（福岡教育事務所が2015年に配付した資料をもとに作成）

4 学校における課題把握の方法

1 学校の実態把握

　実態調査とは，自校の児童生徒一人ひとりのことや児童生徒を取り巻く環境のことを十分に把握するということである。これは学校心理学でいうところの「アセスメント」である。アセスメントは，学習，心理・社会，進路，健康の各側面に関する情報を集めるプロセスである（小野瀬，2016）。

　石隈（1999）は「子どもの学習面，心理・社会面，進路面，健康面などにおける問題状況について，情報を収集し，意味付けし，そして教育的な援助における判断（例：援助案の立案や修正）のための資料を作成するプロセス」を心理教育的アセスメントであると定義している。飯田（2016）は，心理教育的アセスメントの方法として，①行動観察：授業，休み時間，給食，そうじ，学校行事（体育祭，文化祭，合唱祭）など，多様な場面で子どもを観察し，場面による違いの有無に着目する。②子どもや子どもの援助者との面接：面接や遊戯等を通して，子どもと直接関わることで情報を得る。③心理検査：WISC-Ⅳ，KABC-Ⅱ（Kaufman et al., 2016）等の知能検査，SCT（佐野ら，1960），TEG（石川，1984）等の質問紙やバウムテスト，風景構成法等があると述べている。今後，校内研究をエビデンスに基づいて行うようにするためには，児童生徒の問題状況の発生の背景にあるものを，可能な限り多面的に情報収集をする必要があると考える。

2 教職員による実態調査

　自校の児童生徒の教育課題を校内研究で解決するためにも，学校の教育目標に照らした自校の課題は何かを十分に検討することが求められる。福岡県教育センター（2014）は，具体的な実態把握の方法を表1-1に示すように，定性的，定量的な方法によって多面的に捉えて分析する必要があると述べている。定性的な把握とは，児童生徒の状態や成長の様子を面談や面接，観察等によって得られる，数字では表すことができない子どもの特徴に着目して分析することである。また，定量的な把握とは，子どもの特徴を把握するために，学力テストの結果や児童生徒の問題行動調査の結果などの数値の変化に着目して分析する

表 1-1　子どもの実態把握の方法（福岡教育センター，2014）

定性的な把握	○直接的な把握	面談，面接等により，子どもの特徴を把握する。
	○間接的な把握	日常的な観察等により，子どもの特徴を把握する。
定量的な把握	○全国学力・学習状況調査等の学力診断を活用する。 ○2件法，3件法，多肢選択法等のアンケートにより，子ども一人一人の状態とともに，全体的な傾向を把握する。 ○学校評価（自己評価，学校関係者評価）を活用する。 ○各活動における自己評価，相互評価等を活用する。	

表 1-2　教育課題の精選の視点（福岡教育センター，2014）

①	課題性	学校の教育目標を達成するために，子どもの資質や能力，態度のどの部分を重点化して高める必要があるのか。定性的・定量的な実態把握から教職員も課題解決の必要性を認めているか。
②	緊急性	将来を展望した時，必要となる子どもの資質や能力，態度のどの部分を高めることが最も緊急を要するのか。

ことである。本節第1項で紹介した心理教育的アセスメントの方法を効果的に活用することで定性的な把握がより具体的なものになり，また，定量的な把握がより客観的なものになってくる。

　実態把握で児童生徒の解決しなければならない課題が見えてきたら，どの課題から解決していけばよいのかを，教職員が共有して校内研究に取り組むことが求められる。福岡県教育センター（2014）は，表 1-2 のように整理している。

3　「学力向上」という課題の解決

　校内研究が，自校の児童生徒の教育課題を解決するために行われるものであることは前述したが，はたして各学校の児童生徒の抱える課題は「教科等の学習指導法の研究」を進めるだけで解決されるのだろうか。

　宮本（2016）は，子どもの学校生活の中心は学習にあるとして，学習面のアセスメントでは学力，知能にくわえ，学習を支える認知，情緒，行動の各側面についての情報を収集する必要があると述べている。

　各学校が「学力向上」という課題を解決するために，的を射た効果的な解決を行うためには，多面的な実態把握から明らかになった児童生徒の実態を全ての教職員が共有し，チーム学校としてエビデンスに基づいて校内研究に取り組む必要があり，そのとき，初めて解決に向かうのではないだろうか。

5 校内研究の改善の方向

1　教育委員会が求める改善

　福岡県教育庁福岡教育事務所が 2015 年に行った「校内研究担当者研修会」の研修資料には，管内の校内研修の課題は，「①自校の課題を明らかにする研修の不足」，「②授業実践の質を高める研修の不足」，「③授業レベルでの具体策が不明」の 3 点であることが示された。

　そして，これらの課題を解決するために，校内研修担当者は，「（役割 1 ）成果や課題の見取り」，「（役割 2 ）児童生徒の実態から研修内容を計画」，「（役割 3 ）研修推進体制の整備」を果たさなければならないと述べられている。

　さらに，役割 1 の成果や課題を見取るためには，「児童生徒の○○が向上したのは，どのような取り組みの成果か？　児童生徒の○○が向上しなかったのは，どのような取り組みが不足していたからか？　という要因分析が必要である。」と説明している。

　「児童生徒の○○が向上した」ことと「○○を向上させるための取り組みの成果との関係」は，取り組みを始める前のデータと取り組み後のデータの比較や取り組みを実施したクラスのデータとまだ実施していないクラスのデータを比較することによって，取り組みの効果を検証することができる。

　福岡教育事務所は，各学校の校内研究の成果をエビデンスに基づいて客観的なデータを示しながら述べることの必要性を求めているのである。このことは，まさに本書の各章の内容と関連の深いところである。

2　学習指導要領に示された課題と研究主題との関係

　さらに，この資料には，各学校が設定する研究主題は，自校の教育課題と児童生徒の実態調査だけではなく，学習指導要領の改訂に伴って示された課題やこれからの児童生徒に求められる資質や能力などに照らして包括的な視点で設定されることが望ましいということも述べられている。

　平成 29 年度の改訂前には，各教科等の目標と内容が示されていたが，平成 29 年度の学習指導要領（文部科学省，2017）では，各教科等でどのような資質・能力を育成するのかが明確に示された。また，児童生徒が資質・能力を身

につけ，生涯にわたって能動的に学び続けることができるようにするために「主体的・対話的で深い学び」の実現に向けた授業改善の推進が求められている。さらには，資質・能力の育成に向けて教科横断的な学習を充実したり，主体的・対話的で深い学びの実現に向けた授業改善を可能にしたりする「カリキュラム・マネジメント」が求められる。今後は，このような観点から各学校の研究主題を見直すことも求められる。

　一例を示すとS小学校は研究主題を「現在及び将来の夢や願いの実現に向けてともに高め合う子どもの育成」とし，副主題を「キャリア形成の視点を踏まえた学級活動（3）を要とする大単元構想を通して」と設定した。この大単元構想がカリキュラム・マネジメントである。S小学校は，学級活動「（3）一人一人のキャリア形成と自己実現」の内容を核としながら，総合的な学習の時間や生活科，特別の教科道徳の授業を横断的に配置し，学習内容によっては地域の方々の協力を得ながら学習に取り組んでいる。

✎ ワーク 1-2

自校の校内研究の取り組みの成果は，どのような方法で明らかにしようとしているのだろう。また，自校の研究主題は，学習指導要領（平成29年告示）に示された課題とどのような関係にあるのだろう。

自校の研究主題	
取り組みの成果の検証方法	例）観察・学校環境適応感尺度（ASSESS）・アンケート
学習指導要領に示された課題との関係	例）カリキュラム・マネジメントの具体化

第2章

実践研究の主題を決める

　第2章では，学校や地域の課題解決を図る実践と，校内研究のテーマをどう結びつけるかを考える。校内研究で何らかの課題に対する教育的実践を行い，成果や課題を整理するにあたり，まず，テーマが社会のニーズを反映し学校の教育課題に即しているか，定められた期間に実施することが可能であるかを検討する。そして研究の前提として先行実践研究で，今から取り組もうとする研究に必要な情報収集ができるかという点からも検討を行う。

1. 施策と学校課題のつながり
2. 取り組みの切り口
3. 課題の範囲
4. 先行実践・報告集集め
5. 先行研究の取り組みの検討
6. 目的と手段・方法の区別

1 施策と学校課題のつながり

　校内研究では探究する主題（テーマ）を定める。「教職員の認識する学校・子どもの課題は何か」，また「どのような課題が，どんな状態になるとよいか」を丁寧に追求する。施策などをふまえて，学校課題について管理職や校内の中核となるメンバーで話し合い，方針について率直に議論する機会を設ける。

1 適切な校内研究の課題とは

　学校の教育課題を取り上げる校内研究としては次の例は適切といえるだろうか。

> 　適切な睡眠と仕事の効率化の関連を取り上げた研究では，一定の根拠のある結果が示されている。睡眠時間と睡眠の質を児童生徒に記録させ，学習や諸活動への参加状況を検討し，良い睡眠と成績の関連性を明らかにする。

　この研究案は，健康科学領域の臨床研究として成り立つ。だが，その学校の教育課題を解決することに直接的な効果がないため，校内研究として十分とはいえない。検討事項を施策や学校のニーズに分けて整理してみよう。

2 施策および現代的課題とのつながり

　校内研究では，日本が抱える教育課題や地域の課題をふまえた内容としたい。学習指導要領では，わが国の初等中等教育のあり方に関わる課題が示されている。校内研究でもそれをふまえておくと，関係者の理解を得やすい。

　例えば，平成29年度告示の学習指導要領の改訂等の根拠となる「第3期教育振興基本計画」（2016）で示された課題を見てみよう。

> 国が示す継続的教育課題・新たな教育課題の例
> 【継続的課題】学力向上，学校・地域の連携・協働，子どもの主体性の育成，他者理解，健康の確保，体力の向上，グローバル化対応等
> 【新たな課題】少子高齢化に伴う就学・就業構造の変化，技術革新等に伴う産業構造や社会システムの変化，子供の貧困など社会的格差，地域間格差など地域課題，子供自身や家庭・学校など子供を取り巻く状況変化等

　これらは社会的に認知されており，理解が得られる可能性が高いものである。

3　学校および地域の教育課題との結びつけ

　校内研究を，教職員の実感する学校や地域の特徴的な教育課題と結びつけ，それによって全教職員の参画意識を引き出し，実証的な変化や成果を掴みたい。学校の教育課題とキーワードを適切にすり合わせ，なぜその主題に取り組むかについて，まず直接実施に関わる教職員自身の理解を得る必要がある。

　前述の項目を学校の教育課題と重ねると，学力向上，学校・地域の連携，主体的学習態度の醸成，生き方教育・キャリア教育，多文化共生社会，健康増進，生涯学習，世代間交流，ICT活用等はキーワードとなり得る。校内研究の対象として，同僚・保護者等の理解を得るにはどのような工夫ができるだろうか。

　たとえば，生徒の主体的な学習計画に課題があるとされる学校で，進路意識の確立を目指すキャリア教育を主題にした実践を導入する場合，生徒の課題提出率や進学等の後の適応に課題があることが共通理解できれば，関係者の納得を得られやすい。

4　研究構想にあたっての大まかな役割分担

　校内研究は，関係者を中心に役割分担をして実践が行われるが，とくに研究主任など推進担当者が同僚の負担を気遣いすぎて役割を抱え込むと，結果として，学校全体で共有された研究となりにくい。校内研究を終えた時点で，教職員がともに取り組んだ活動として達成感を得ることをめざしたい。共通理解しやすい課題設定は，合意形成に基づく校内研究の企画につながるのである。

✎ ワーク 2-1

　①あなたの学校の校内研究として，多くの同僚が協働できる主題として最もふさわしいものを次のキーワードから選び，その理由を考えてみよう。

| 不登校　非行防止　いじめ防止　学力向上　特別支援教育 |
| その他（　　　） |

　②①で選んだ項目を，実際に校内研究して取り組むことを想定して，どのような側面から取り組むか（予防／早期対応）具体的に考えてみよう。

2 取り組みの切り口

1　誰のために取り組むか

校内研究は，広くすべての児童生徒に波及する内容にしたい。課題の深刻さにより，すべての子ども（1次支援）・一部の子ども（2次支援）・特定の子ども（3次支援）の3段階に分けると，取り組みはどこに位置づけられるだろうか。対象が広がりすぎて曖昧な実践にならないよう配慮しておきたい。たとえば，学校生活で苦戦する子どもの支援や，予防を目指し全ての児童生徒の成長を目指す心理教育もある。では経済的困難・問題行動を例に考えてみよう。

▶例1：児童手当・児童扶養手当の対象となる子どもの多い地域での実践研究

経済的困難は課題だが，学校がそれを直接に解決することは難しい。しかし，経済的不利を克服する代替手段は，適切な教育的実践の提案となる。例えば，学力向上への直接的支援が得にくい子どもに，家庭学習や放課後学習等の機会を設けることは，困難の対応をしながら，全ての子どもにも有益な支援となる。

▶例2：子どもの問題行動が課題であると教職員が認識している学校

子どもの暴言が課題とされる学校で，暴言をなくすことを目指す取り組みは適切だろうか。暴言がなくなるだけで学校に落ち着きが戻るだろうか。さらに，「課題を抱える一部の児童生徒の問題行動の抑制」を取り組みの目的にすると，そうした行為を行わない・加担しない子どもへのメリットは少ないことになる。

では，子どもの「社会的能力の向上」をめざす取り組みにしたらどうだろう。すべての子どもが受容されていると感じる学級風土をつくることができれば，結果として暴言などの問題行動をはじめ，暴力に訴える解決方法以外の選択肢が伝達できる。加えて適切に行動できている子どもたちを取り残さず，個別に好ましい評価を伝えることができる。課題状況に直接介入・指導し修正を行う他に，温かい風土の醸成を研究目的とすれば，すべての子どもに届くことになる。

2　どのようなサービスを取り上げるか

校内研究の取り組みは，後に児童生徒の人生にポジティブな影響を及ぼすことができるものとしたい。たとえば，主体的で良い学び手を育む活動，社会的に自立することを目指す活動など，発達段階をふまえ，適切に学校生活の充実

表 2-1　小・中学校での校内研究の例（松永・西山，2018：阪本・納富，2011 を参考に作成）

	①自尊感情の向上に取り組む小学校	②生徒指導上の問題克服を目指す中学校
課　題	自信がなく指示待ちの傾向が強い児童	一部に逸脱行動がみられる者を含む生徒
取り組み	総合的な学習の時間と特別活動の時間での，個人プランニングを中核としたピア・サポートプログラム	特別支援教育の視点を取り入れ，生徒指導力の向上を図る教員研修を組み込んだ個に応じた指導力を促進させる生徒指導
評　価	自尊感情の向上，自発的取り組みの増加	特別支援教育の理解，学校適応感の向上

や好ましい学校適応を遂げるものを目指すのである。いくつか例示する。

　学校課題を改善する取り組みの例（表 2-1）として，①は主体的に物事に取り組めない児童が多いことを教員が共通理解し，学級単位での対人援助の演習の後に，個々にサポート計画を立てる活動を柱にしたプログラムの実践である。最終的には中・高学年の全児童が取り組む実践となった（松永・西山，2018）。一方②では，生徒指導上の課題を抱える学校で，特別支援教育の視点を含む研修を行い，学級経営や授業での生徒指導の力量向上を図った。その結果，問題行動が減少し教員が授業に集中できるなどの成果を得た（阪本・納富，2011）。

3　どのような切り口で取り組むか

　テーマ案がまとまると，実践研究の方法が課題になる。例えば，学力向上を教育課題とする学校で，その基盤として，誰もが来たくなる学校づくりを行った研究もある。同様の課題で，学習支援だけであれば外部人材等を活用することもできよう。だが，校内研究では単に課題のある子どもを支援するより，彼らの将来に向けた成長を保証することを目指し，継続的な取り組みなど学校の強みや機能している資源に着目し，実践を考えた方が教育的といえる。

4　学校における校内研究の実行可能性を考える

　校内研究を推進する母体は学校であり，学習のみならず心身の成長を促進させるなど，多様な役割を担っている。そうした学校で，校内研究が全校で共有されやすくなるよう，実行可能性を次の点から考えておきたい。

　　①校内研究の計画は，時期（期間）と内容や担当者に無理がないか
　　②若年教員からベテランまで多くのメンバーが関与できる研究であるか
　　③保護者・地域などの理解が得られる研究であるか

3 課題の範囲

　校内研究では，どのような課題をどの範囲で取り扱えばよいだろうか。検討すると，多くの課題が見つかるかもしれない。しかし全てを校内研究で取り上げることは難しく，焦点化なしには成果をエビデンスで示しにくい。

　症状は同じでも原因が異なる疾病に同じ薬剤を処方できないように，同じ貧困でも，背景が異なれば異なるアプローチを用いる。まずは学校単位の課題を検討し，その中で当該の研究課題を焦点化し，研究テーマとする。

1　取り組む課題のスケールと状況

　まず，課題の困難さ・難しさがどの程度や範囲であるかを明確にして，学校に必要な支援を把握するため，ニーズアセスメントとして，課題を抱える児童生徒などの範囲や，これまでの改善の状況を把握する。そして，どの程度のスケールで心理教育や学習支援など適切な取り組みを導入するかを決める。校内研究の取り組みの検討は，同時に必要な支援方法を決めることでもある。

　加えて，取り組みが小学校と中学校など校種を越えて行われると，早期の支援が行える。可能なら中学校ブロック全体での取り組みを図りたい。

2　課題への取り組みのアプローチ

　管理職が主導する研究では，トップダウン方式で指示し方針を示すことが可能である。一方で，課題を認識している教員の数が少数のうちは，小規模で試行し，ボトムアップ方式で学級単位から学年・学校へと広げる（図2-1）。

　小学校に「ピア・サポートプログラム」を導入した研究（平井・西山，2020）では，「児童の主体性の醸成」が同僚・管理職間で確認されたが，プログラムの効果が示されていない段階であったため，ボトムアップ方式で推進した。学年内での実践で児童の変化を示したことが全校展開につながった例である。

3　課題解決への時間的見通し

　校内研究は，学校の時間的な流れに沿って行われる必要がある。学校経営基本計画・校内の年間指導計画などの全体計画の中で研究を進める必要がある。例えば，不登校生徒の数が増えていることを課題とし，主題は「不登校生徒の発現の防止と現在の不登校傾向の生徒への対応の充実」とした場合，①入学直

| 全体計画に含む | 実践担当者の任命 | 校務分掌への位置づけ | 学校全体での実践 |
| 学級単位での試行 | 学年単位での実践 | 学校全体での実践 | 地域全体での実践 |

図 2-1　トップダウン（上段）とボトムアップ（下段）による組織的展開

前に心配を抱えている可能性のある保護者への支援を始める，②教員研修でハイリスクの生徒との関わり方についての研修を年度の早期に計画する，③夏期休業期間を利用し，支援の困難なケースを把握し優先順位をつけて事例検討を行う，など，校内の年間計画を無視して組み込むことのできないものである。

4　課題解決への量的見通し

校内研究で取り組む内容の「ボリューム」について実行可能な範囲に限定し，研究計画を立てたい。2 年間のスパンで校内研究を組むとすれば，その範囲で対応できる量的な取り組み内容となっているかを検討しておく必要がある。

前述の「不登校の低減と予防」に取り組む場合，2 年間の期間であるなら，そこで一定の成果が出る見通しが持てる範囲に焦点化しなければ，明確な成果や課題の把握が難しく，取り組みを行うだけになる状況が生まれる恐れがある。

5　課題解決への労務的見通し

本章 1 節 3 項でも述べたが，校内研究の担当は全教職員であるとされながら，中心となる担当者に負担がかかる可能性が高い。管理職による人事的判断である程度の時間的余裕のある状態になった担当者が全体の推進を担えればよいが，過重な役割を抱えることも考えられる。なるべく早期に研究活動として必要な業務全体を見渡し，ミドルリーダーとして，場合によっては担当者自身の既存の校務分掌との兼ね合いを管理職等に伝え適切な判断を仰ぐことも考えたい。

✎ **ワーク　2-2**

次の課題を焦点化し 1 年間で校内研究に取り上げる場合の方法を考えよう。
①進路意識が明確でないことが課題とされている学校の学習計画の指導
②生徒指導面で児童の暴言が目立つ小学校における児童支援の力量向上

4 先行実践・報告集集め

1 先行実践・先行研究とは

　既存の取り組みである「先行実践」は，実践しようとするテーマで，これまでに行われたことを把握するのに役立つ。それを調べると，不必要な失敗や問題を回避することができるので，研究を始めたら，早期の段階で収集したい。

　「先行研究」とは，探究する内容がどのような考えや理論のもとで成り立ち，どこまで研究が進んでいるか，書籍・学術論文・報告書・ウェブサイト等で検索することであり，そうした文献自体を指すこともある。先行研究は，自校の研究に新たな発想を与えてくれたり，自校の研究の強みに気づかせてくれたりする。事前に確認しておけば，不必要な困難を抱えたり，意図せず倫理的な問題を生じさせたりすることを避けられる。具体的な方法を見てみよう。

2 収集する各種資料の特徴

　図書分類コードにならい，書籍を分類すると表 2-2 のようにまとめられる。これらの多様な形態の文献は大学図書館・地域の図書館・自治体の教育センターで収集でき，電子情報や検索サービスを活用すると，多くの資料にアクセスすることができる。修士論文などのような学術研究では，先行研究等のレビュー（総説）があることが多く，本論となる学術研究とともに活用したい。

　先行実践では，文献が少ない分野や，校内研究で取り上げられながら，公刊されていないこともある。研究推進メンバーなどで協力して，近隣の地域での研究発表会などで資料収集をして共有するなどの連携が役立つであろう。

3 先行研究・先行実践の情報収集と焦点化

　先行研究や先行実践の情報を集約したら，その中から自校の校内研究に合う資料や情報を選別する。多くの資料から本当に有益な資料を厳選するのである。

　不登校予防を研究対象として，別室登校の支援を研究する場合を考えよう。
①検索の絞り込み：「不登校」とキーワード入力して検索した場合，大量の文献が見つかり，多すぎて得たい情報に至るまでに時間がかかる。検索語を「不登校，中学」とするなど，校種や発行年を限って検索すれば，さらに限定される。
②キーワードの焦点化：「校内適応指導教室」のキーワードで検索してもあまり

28

表 2-2　多様な文献

種類	分　類	特　徴	備　考
書籍（図書分類コード）	0　一般書 1　教養書 2　実用書 3　専門書 4　教科書 　　事典・辞典	● 書き手は多様。大衆にわかりやすく執筆 ● 普遍性のある知識 ● 日常生活で役立つ技能・知識・情報 ● 書き手は専門家。専門性の高い情報 ● 義務教育であれば検定済 ● 各専門領域で用語を整理	多様な形態の書籍がありエビデンスを踏まえて書かれているものもある。適切に選択し活用したい
学術論文	● 学会等の研究誌 ● 研究大会用抄録 ● 修士・学位申請（博士）論文	●「査読（専門編集委員が内容確認）」の有無や学会規模により内容が異なる ● 通常約 1 頁の分量で情報量が限られる ● 公刊されていないことが多い。学位申請論文は国立国会図書館に収録される	研究分野に沿った学術団体等（例：学校適応援助―心理学・教育学）の文献を丁寧に検索し適切なものを選ぶ
報告書	● 行政による文書 ● 自治体報告書 ● 教育機関報告書 ● 校内研究報告書	● 法令・答申・重要通知など ● 条例・規則など ● 教育センター・大学等で発刊される紀要 ● 先行して行われた校内研究の報告書	形式などが多様であるが，どの部分を活用するかを考えながら探す必要がある
HP・ウェブサイト等	● 行政機関 ● 学術団体・学会 ● 医療・療育・相談機関 ● 個人	● 行政文書。施策や行政文書の概要・解説 ● 主要概念や定義及びその解説，活動内容 ● サービス内容の解説・主要概念の解説 ● 個人や団体に資料を探すには，よる運営。玉石混交	出版後は変更のない文献と異なり，可変的なので確認した時点を記録する必要がある

多く見つからない。だが「別室登校」「保健室登校」等の言葉で探ると，多くの文献が見つけられる。類似したキーワードで検索すると効果がある場合も多い。

4　先行実践・先行研究の選別

　先行研究・実践を集めることができたら，内容を読み込む。冒頭にアブストラクトと言われる要約がある文献もあるので，それも活用する。研究の方法もキーワードも，自分たちの研究構想と極めて近いものは大切にしたい。しかし，他にも情報源として有効なものがあるので，分類し散逸しないようにしたい。

　　①研究方法とキーワードとがいずれも合致したもの

　　②キーワードは全く同じかかなり近く，情報として有益なもの

　　③キーワードは異なるが，研究方法やまとめ方などが役立つもの

　上記①〜③は文献整理の観点である。①だけでなく②③を有効に活用したい。これら多様な文献を集約することで，校内研究を整理する手がかりが得られる。

5 先行研究の取り組みの検討

1 収集した先行研究を要約する

　校内研究で，自分たちが取り組もうとする対象（例：小中連携，特別な教育的ニーズへの対応）や課題（例：不登校，教員集団の協働性，子どもの社会性）について，効果的で充実した実践研究を効率的に推進するには，先行研究は重要である。これにより，研究を始める時点での課題設定が明確になる。

　これらをまとめる際に，雑多な資料を単に並べただけでなく，いくつかの視点から整理し，概要をつかみたい。重要な概念を整理すること自体にも，研究的価値がある（例：泉・小泉，2016）。まとめる概念は，以下2点に集約できる。

2 先行研究全体を整理する

　主題により，既存の実践や研究がすでに多く存在することもある。簡潔に要約すると，校内の担当者との間で共有したり，個々の先行研究を相対化してとらえたりしやすくなる。大学での卒業研究で，収集した文献をインデックスにまとめた経験はないだろうか。下は文献整理の項目例である。

これらの内容を，データやカードで重要事項について作成しておくとよい。

①	②	③	④	⑤	⑥
著者	発行年	題目	収録雑誌（号数・頁/書名・出版社名）	内容要約	備考

3 先行実践の到達点を把握する

　先行実践の整理は，①まとめる，②建設的・批判的に読む，③関連づける（近いもの・対立しているものなど），④統合する，⑤全体でまとめる，というような一連のプロセスとなる。先行実践をまとめることで，自分たちが取り組もうとしているテーマ・課題の，これまでの研究と実践の知見を同僚間で共有しておきたい。特に重要な概念，つまりキーワードについては，一覧にまとめることで，実態をつかみやすくなる。また，これにより，未着手の領域を把握し，自分たちの取り組みの意義を確認することができるので，校内研究の焦点化に役立つであろう。

4　先行実践を有効な情報として整理した事例

　温かな学級風土を醸成するため，A さんは，「クラス会議」または「クラスミーティング」等とよばれるクラスでの話し合い活動を取り入れることを検討していた。類似の言葉が複数あることがわかり，先行文献の検索を試みた。

　先行文献検索には，CiNii（国立情報学研究所学術情報ナビゲータ。「サイニー」と読む）を用いた。CiNii のフリーワード検索欄に「クラス，会議」と入れると，350 件以上の文献が示された。次に「クラスミーティング」と入れると，4 件の文献が示された。特に参考になる情報 13 件に絞り要約すると，大別して 3 種類の取り組みがあることが示された。それらを「起源・実践地・目的・特徴・手順・留意事項・出典」などの整理項目に分けてまとめた。

　こうして一つの実践だけからでなく，先行研究をていねいに検討し，実践や研究の内容や方法で，自身の実践に参考になる情報が得られる。また，キーワードの理解が教職員間で揺らいだり，書き手と読み手でずれたりしにくくなる。

表 2-3　クラス単位で行われる代表的な話し合いの整理（伊澤・西山，2015 を改変）

名　前	クラス会議	p4c (philosophy for children) 子どものための哲学	サークルタイム
起　源	オーストリアの精神科医アドラー，A.（1870-1937）の提唱した心理学理論を応用した協議方法。人間は理想を求める主体的な存在であるとし，対人関係を重視した共同体感覚の概念を示し，ネルセンら（1977）の実践が示された。	1960 年代末から 1970 年代に，アメリカの哲学者リップマン，M（1922-2010）が開発した子供向けの哲学対話教育プログラム。「philosophy for children（子どもの哲学）」のことであり，頭文字をとって P4C と略称される。	1980 年頃から生徒の主体性や協調性の育成に効果的な活動としてイギリスの学校で導入されてきた参画型活動。これはイギリスの全国カリキュラムにも導入され，週 1 回 Personal Social & Health Education（PSHE：個人・社会と健康教育）の授業が行われている。
実践地	香港，アメリカ，日本各地	欧米，オセアニア，アジア，中東，日本	イギリス，日本（大阪）など
目　的	以下省略	以下省略	以下省略
特　徴			
手　順			
備　考			
出　典			

6 目的と手段・方法の区別

1 研究の目的は何か

　取り上げる校内研究のテーマが定まったら，次は研究の目的を明快にする。そして，どんな方法や手段で取り組むかを考える。以下の例文をみてみよう。

【修正前】

本研究の目的は，小規模小学校で，秋の体育祭に向け異年齢のピア・サポートトレーニングとサポート活動を行い，効果を検証することである。

【修正後】

本研究の目的は，小規模小学校で子どもの対人関係力を高め，体育祭に向け異年齢のピア・サポートトレーニングとサポート活動を行い，心理教育的援助として児童の対人関係力を高め，学校適応を向上させることである。

　上記で修正前の研究目的に着目すると，異年齢のピア・サポートの実践は目的でなく，方法・手段である。校内研究で効果を検証することは目的となるだろうか。この例では，対人関係力を得る機会が少ないことが，教職員に共通した懸念であった。よって対人関係力と学校適応状態の向上が目的となる。

　修正後のように，目的が明示されると，教職員の間で活動の方向性の共通認識がずれにくく，後述の成果検証も明確になる。目的を検討する際には，①行動の具体性，②共通の課題意識，③成果の広範性を確認しながら進めたい。

2 研究の手段・方法は何か

　校内研究で目的を定めた後は，どんな手段により，どこで，誰を対象に，誰が，どの期間，何を行うかを定める。例示した小学校での実践で，研究の内容を項目ごとにまとめると，①〜⑥の通りとなる（詳しくは第3章参照）。

① どの期間に（どの時期・期間に行うか）：X年6〜10月。6〜9月ピア・サポートトレーニング。10月実施。総合的な学習の時間に，4か月間6回の授業で実施し，朝の活動で日常化を行った。

② どの機会に（どの場面を活用して実践をするか）：総合的な学習の時間6時間・朝の活動で帯単位として日常化。6〜9月に学級でピア・サポートトレーニング

を行い，秋（10 月）の体育祭での異学年交流に向け，各児童が個別にサポート計画を立てた。

③ 誰によって（実践の主体）：教育相談コーディネーター補佐が構想を立て，モデル授業を示した後，各学級担任に引き継いだ。授業は学級担任との T/T 方式。

④ 誰を対象に（実践のメリットを受ける対象）：小学 3 〜 6 年生全 5 学級へのピア・サポートの実践。

⑤ 何の活動を（どのような活動が対象となるか）：ピア・サポートプログラム（トレーニング：4h，個人プラン 2h）。

⑥ 結果の把握（成果を何で把握するか）：出欠状況，Q-U（河村，2006），児童用集団効力感尺度（淵上ら，2006）。

　方法を整理する際は，方法についての説明を聞き，担当者以外でも実践内容を理解できるように書かれているか確認する必要がある。さらに，計画時に結果をつかむ方法を複数定め，説得力のあるエビデンスを得ておきたい。

3　目的と手段・方法が混乱していないか

　計画された実践の推進を重視するあまり，本来の目的への認識が弱くなることに注意したい。取り上げた例ではトレーニングと個人プランを含めピア・サポートが手段となるが，ピア・サポート実践だけに留まらないよう配慮したい。

✎ ワーク 2-3

関心のある主題について，表に校内研究を行う方法を記入してみよう。

項　目	具体的な内容
① どの期間に	
② どの機会に	
③ 誰によって	
④ 誰を対象に	
⑤ 何の活動を	
⑥ 結果の把握	

第3章

実施計画をつくる

　第3章では，校内研究の計画段階の留意点を説明する。「PDCAサイクル」は学校でもよく言われるようになったが，最初のP（計画）段階がしっかり設定されるとその後の実践やその改善がより質の高いものになる。特にエビデンスに注目して計画を立てると，校内研究の成果の客観的な確認や説得力のある成果発信におおいに役立つ。ぜひ，ていねいに読んで質の高い実施計画を立案してほしい。

1. 目標を明確にする
2. 校内のシステムづくり
3. 研究デザインを決める①：5W
4. 研究デザインを決める②：1H
5. 教育効果の測定①：「ものさし」の選択
6. 教育効果の測定②：ベースラインの確認
7. 保護者や地域社会との連携を図る
8. スケジュールを決める
9. 研究倫理を守る

1 目標を明確にする

1 到達したかどうかがわかる目標にする

　実践研究の主題が決まったら，具体的にどこまでの成果をめざすのかという目標の設定，すなわちゴール設定が必要である。たとえば，不登校対策として教育相談体制を整えるという主題が決まったとして，具体的に取り組みの期間（その年度末，２年後など）に何をどこまで達成させるのかという明確なゴールが必要であろう。主題は取り組みの内容や方向性を示すものであり，その中で具体的にどこまで達成させようとするのかという目安が目標（ゴール）である。不登校を減らすというのは方向性であり，では具体的に何人以内といった数値がゴールにあたる。すべてのゴールが数値化されるべきとは考えないが，数値化されれば到達したかどうかが明白であり，取り組みの評価がしやすい。

2 ２種類のゴール

　設定するゴールは大きく２種類に分けることができる。①教育実践活動に関するものと，②取り組みの成果としての子どもの変容に関するものである。ビジネス関係の用語では，①がアウトプット，②がアウトカムとよばれる。

　具体例をあげると，個別の教育相談体制を整備するとして，①の教育実践活動については，まず実際にそれをどの程度機能させるのかどうかという点でのゴールが必要であろう。つまり誰がどの程度の頻度で教育相談を行うのか，相談対象はどの範囲までとするのか，また必要な個人資料や事後の記録はどうするのかといった点を定めておけば，関係者のめざす到達点が明確になる。

　そして，②の取り組みの成果としての子どもの変容を，不登校の児童生徒数やあるいはその傾向を示す子どもの数あるいは所属する学級への復帰数で設定すれば，学校の取り組みの有効性が明らかになる。この場合，子どもの変容は，たとえばアンケートのような自己報告の内容によるものなども含めることが可能である。資料3-1に，単独の学校ではなく，中学校ブロック内の複数の学校を対象にした実践研究の例を紹介する。教育実践活動の内容がアウトプット，最終的な子どもの自己評価での特定上昇がアウトカムにあたる。

資料 3-1　中学校ブロックでの一貫しての心理教育プログラム実践例（木村，2018）

　子どもが複数の小学校から 1 つの中学校に入学してくる中学校ブロックで，「子どもの問題行動の予防と学校適応の促進」を目的として，社会性と情動の学習プログラムの 1 つである SEL-8S（Social and Emotional Learning of 8 Abilities at School）プログラム（小泉・山田，2011）を導入し実践することになった。管轄の教育委員会のリードによって，関係校の校長全員が協議して，実施に向けての合意もできた。そこで，全体の取り組みをコーディネートする教員が，次の年度の取り組みの最終目標として，次の 3 点を提案して，実践を開始した。

表　中学校ブロックでの取り組みの最終目標

教育実践活動の ゴール	1. どの学校のどの学年でも，プログラムの学習を年間 8 回以上実施する。 2. 中学校ブロック全体での研修会を年に 1 回実施し，学校単位のものを各学校でさらに 1 回以上実施する。
子どもの変容の ゴール	3. 年度当初（5 月中旬）と年度末（2 月末）に子どもの社会的能力の自己評価アンケートを実施し，どの学年でも得点を向上させる。

✎ ワーク　3-1

　現在，計画中だったり実践を考えていたりする取り組みについて，2 つのゴールを書き込んでみよう。

主　題	
教育実践活動のゴール	
子どもの変容のゴール	

2 校内のシステムづくり

1　校務分掌組織での位置づけ

　ある取り組みを開始して，その取り組みを維持発展させるためには，そのためのシステムづくりが必要である。この場合，既存の係，委員会，部会といった校務分掌組織で実施するのか，あるいはそれを変更して新たな組織で実施するのかといった点を検討する必要がある。この点は，学校規模や教職員数，そして担当者の選定とも関係しているので，管理職の判断のもと，実践校の実態にあったやり方を決める必要がある。

2　年次進行に合わせた工夫

　複数年での実践であれば，実態に合わせて柔軟に取り組むことも必要である。全校で取り組む場合に，それを学年単位で行うのかあるいは全校一斉に実施するのかといった実施規模と形態が重要な点である。ある取り組みを開始する場合に，それが大がかりなものであればあるほど，段階を分けてシステムづくりを行うのがよい。たとえば，1年目は1つの学年で重点的に実施して，その成果と課題をふまえて次の年は全校での取り組みを開始するといった進め方である。

　資料3-2は，ある高校で生徒の学びの改善を目標に，「主体的・対話的で深い学び」を導入することになり，それを3年かけて学校全体に浸透を図った例である。この高校では，従来この種の校内研究はほとんど未経験であったため，初年度は1教科の一部の教師だけでスタートさせている。このような段階的なシステムづくりが有効なこともあるので，実態に合わせて柔軟にシステムを築いていく工夫が必要である。

3　リーダーの選定と継承

　リーダーの選定と決定にあたっては，本人の資質能力はもちろんであるが，その役割の明確化が必要である。これは，リーダーがどのような役割でリーダーに何を求めるのかを本人と関係者が共通に理解しておくことを意味する。

　なお，取り組みが一定の軌道に乗った後，それを維持し発展させるには，リーダーの後継者づくりが重要な課題である。公立の小中高等学校等であれば，

一定期間に異動があるのが普通であり，それを考慮したシステム運営が必要である。いわゆるサブリーダーの育成である。サブリーダーに次第に役割を移して，次の年度に実践が止まったり停滞したりしないような配慮が欠かせない。

4　校内研修会の計画・実施

資料 3-2 では，職員研修会が 3 年目にのみ書かれているが，実は 1 年目からもたれていた。学校では多忙なため，規模（全職員，委員会，学年，プロジェクト），頻度，時間について工夫を要するが，共通理解を図り，取り組みの改善と推進のために校内研修は必要不可欠であり，計画的な実施が必要である。

資料 3-2　高校での 3 年間の授業改善への取り組み

県立 A 高校では，「生活指導と基礎学力の定着を一体とする授業改善の研究」という主題で校内研究に 3 年間取り組んだ。研究では，社会性と情動の学習の SEL-8S プログラムと，UDL（学びのユニバーサルデザイン）を 2 つの柱とした。

3 年間の実践では，下の表に示したように，まず特定教科で実践を開始しその成果と課題をふまえて，2 年目はプロジェクトチームを編成した。そして，3 年目はそのチームを中心に，全教職員での実践と授業公開によって，学校全体の授業改善を目指すことができた。約 3 分の 2 の教職員が生徒の自己肯定感の高まりを感じていると報告しており，取り組みの継続と発展が計画されている。

表　A高校の 3 年間の取り組みの流れとスローガン

年度ごとのスローガンと取り組み事項	具体的実践
1 年目：「数学科を中心に，まずやってみよう」 ○まず中堅教員が試行。初任者もチャレンジ ○本校で授業改善するためのポイントが少しずつ明らかになっていった。	● 主体的・対話的で深い学び，SEL-8S，UDL の基本的な研修 ● アンケート調査 ● 基礎学力の校内検定
2 年目：「全教科に広げて，皆でやってみよう」 ○「皆で」は最強の戦略。 ○1 年目で先行した数学科からリーダー，地歴公民からサブリーダーを立てプロジェクトチーム編成！	● 実践発表 ● 公開授業 ● 研究授業 ● 生徒支援のためのレポート
3 年目：「地域・他校に公開，続けてやってみよう」 ○どんどん公開し，内外から意見を集約。 ○ほぼすべての教員が実践。アクティブ・ラーニングについて，全員が何かしらの意見を持っている。	● 模擬授業 ● 合評会 ● 職員研修会

出典：朝倉光陽高等学校（2019）

3 研究デザインを決める① ▎ 5W

1 校内研究の5W

　研究デザインというのは，あまり聞きなれない言葉かもしれない。これは，校内研究を実施するときの5W1Hを意味する。すなわち，誰が，誰に，何を，どこで，いつ，どのようにするのかを決めることである。

　まず「5W」を説明しよう。不登校問題への対応を例に説明すると，「誰が」は取り組みの中心が学級担任なのか，あるいはスクールカウンセラーやスクールソーシャルワーカーのような外部から招く専門家なのかを明確にしておくことである。「誰に」は，すべての児童生徒なのか，あるいは不登校傾向を示す子どもか，あるいはすでに不登校状態の者なのかを意味する。「何を」は支援の中味であり，これも心理社会面に注目するのか，あるいは学習の遅れに焦点を合わせるのかによって取り組みは変わってくる。「どこで」は，教室，保健室，相談室，適応指導教室のどれにするのか，あるいは家庭との連携であれば児童生徒の家庭といったこともありうる。「いつ」は，何月ごろあるいは毎週の何曜日の何限目という日時だけではなく，学校生活の流れの中での場面，すなわち教育課程のどこに該当するのかといった点を考慮する必要がある。

　以上の点は，実際に教職員が協同して実践研究を行う際の手続きとして非常に重要である。表3-1に，小学校で家庭学習の充実によって，基礎学力の向上を目指した例の概要を示す。

表3-1　小学校低学年での家庭学習の充実推進例（香川・小泉，2013）

主　　題	家庭学習の充実による基礎学力の向上
誰　　が	小学2年生の担任（注：試行段階なので，一つの学年のみで実施）
誰　　に	①②2年生の児童全員，③児童の保護者
何　　を	①家庭での時間の使い方の学習（例：宿題は先にやる），②毎日の宿題実施状況の確認，③保護者にも家庭での指導を依頼する。
どこで	①②教室，③児童生徒の家庭
い　　つ	①9月第2週の学級活動の時間，②2学期の朝の会，③学年通信発行時

※①～③の番号は，複数の欄の間で対応していることを示す。

2　実践の段階に合わせた 5W

ここで説明した「5W」は実践の段階によって変わってくるので，何段階かに区切って準備することになる。たとえば表 3-1 の実践は試行段階での「5W」であるが，次の本格的な実施段階になると「5W」も変わってくる。これは，前の節で示した資料 3-2 の高校での 3 年間の授業改善への取り組みでも同様である。年度ごとに実施対象（「誰に」）が広がっているし，実施者（「誰が」）も全校教職員へと拡大している。実践内容（「何を」）や，実施の場所や場面（「どこで」），そして実施時期や教育課程上の位置づけ（「いつ」）も変わっていた。したがって，どの段階での「5W」なのかを意識しておくのは，重要なことである。

まずは，直近の取り組みについて「5W」をどうするかを設定してみよう。この観点で整理してみると，このための組織などがどうあるべきかが明らかになってくる。

✎ ワーク　3-2

　現在，計画中だったり実践を考えたりしている取り組みについて，書き込んでみよう。

主　題	
誰　が	
誰　に	
何　を	
どこで	
い　つ	

4 研究デザインを決める② ▎1H

■1 校内研究の1Hの種類

校内研究の「1H」すなわち「どのように」には複数のやり方があるので，それを図3-1に示した。パターンAは，事前と事後の状態を比較するやり方である。ただしこの場合，その取り組みによって効果が出たとはいえないことがある。それは，学校現場では子どもが日々新たな体験をして成長しているために，好ましい変化があったとしても，それがその取り組みによるのか，あるいは通常の成長によるのかが区別できないためである。

パターンBは，この子どもの成長による変化と取り組みによる効果を区別するための方法のひとつである。ここでは，ベースライン，すなわち取り組みを始める前の一定期間の状態を確認しておく。このベースライン期の変化に比べて，その後の取り組みによる変化が大きければ，その取り組みの効果を確認しやすい。

パターンCでは，こうして確認した取り組みの効果がどの程度持続するのかを調べることができる。

パターンDは，ある取り組みを実施した場合と実施しない場合を比較するやり方である。自然科学の実験でよく用いられるものである。未実施群に比べて実施群の変化が大きければ，取り組みの効果があったといえる。ただし，教育現場では未実施群を設けることが難しい。理由は，教育的に好ましいと考えられる取り組みを，未実施群にあえて実施しないというのは教育的配慮に欠けるという点にある。未実施群の子どもや保護者には，受け入れがたいであろう。

パターンEは，この問題を解消できる方法である。2つの群を作り，初めに取り組みを実施する前期実施群と，後から取り組みを実施する後期実施群を設ける。期間①の間は，前期実施群が「実施群」になり，後期実施群は「未実施群」になる。そして期間②では，期間①で「未実施群」になっていた後期実施群に取り組みを実施する。もし，効果が持続するような取り組みであれば，時期②では前期実施群のフォローアップでも子どもの状態は変わらず，そこに後期実施群が追いつくようなかたちになる。

2　実践計画立案の大切さ

　図 3-1 に示したような研究デザインを実施するには，実践計画を立てる段階が非常に重要である。学校では，教育課程にしたがって日々の教育活動が計画され実践されていく。どの研究デザインを採用するにしても，教育活動の計画に合わせて，あらかじめきちんとした実践計画を立てる必要がある。できるだけ余裕をもって計画することが望ましい。

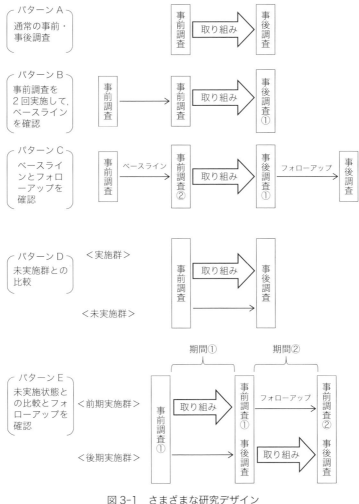

図 3-1　さまざまな研究デザイン

5 教育効果の測定① ┃「ものさし」の選択

1 効果測定の指標選び

　指標とは簡単に言うと「ものさし」のことで，取り組みの効果をどのような「ものさし」で確認するのかということを意味する。この「ものさし」選びは，目標の設定と深い関係がある。たとえば，学力向上という目標を設定したとすると，そのときの学力とは何を意味するのかを明確にしてそれを的確に測定する指標を選んでおかないと，目標を達成できたかどうかがわからない。また，学力テストの得点を指標に選んだとして，それが上昇すればよいのか，あるいは一定の目標値に達することをめざすのかといった点も重要である。

2 指標の種類

　表3-2に，大まかな指標の分類を示した。指標は，負担が大きくならない範囲でできるだけ多面的になるように複数の種類から選択するのが理想である。たとえば，不登校数を減らすという目標を設定したとする。その場合，すべての子どもを対象にした一次的援助サービスの効果の評価には，調査用紙あるいは測定尺度への子どもの回答，教職員による適応状態の評定，保護者からの連絡を用いた情報収集，そして子どもの実際の出席日数や遅刻・早退日数を使うことができる。その中から，適切かつ実施可能なものを指標として選択するのである。資料3-3は，小学校の「荒れ」が収まっていった状態を，子どもの2種類の行動を指標として示したものである。なお，これらが妥当な指標なのかどうかは，きちんと確認する必要がある。

表3-2　指標の分類

種類	指標の例
自己評価	アンケート，尺度，感想（自由記述）など
他者評価	教職員による評価，子どもの相互評価，保護者による家庭での評価，地域住民からの声など
実際の行動	テスト結果（試験，パフォーマンスなど），出席日数，ガラスの破損枚数，保健室の利用者数など

資料 3-3　学校の「荒れ」の評価指標（ガラス・保健室利用）（泉, 2017）

　公立 A 小学校では，いくつかの学年で授業に集中できない複数の児童がいて，器物損壊なども発生し，教員は疲弊状態にあった。そこで，他者との基本的関わり方を改善させるために，2015・2016 年度の 2 年間，社会性と情動の学習の中の SEL-8S プログラム（小泉・山田）の実践に取り組んだ。その結果，児童の学校生活は落ち着き，大きな問題行動も減少した。この「荒れ」の終息状況を確認し関係者に伝えるために，ガラスの破損枚数（図 1）と学校でのけがで医療機関に通院した児童の数（図 2）を調べてみた。すると，それぞれ 2 年間で大きく減少しており，これらの指標に「荒れ」の終息が表れていることが確認できた。学校生活全般の落ち着きについての教師の「落ち着いてきた」という印象を裏づけることができたといえる。

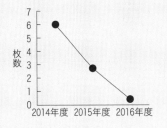

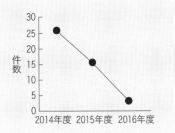

図 1　ガラスの破損枚数（100 人あたり）　　図 2　けがによる通院数（100 人あたり）

✏ ワーク　3-3

　現在計画中あるいは実践中の校内研究の指標をまとめてみよう。

種類	指標
自己評価	
他者評価	
実際の行動	

6 教育効果の測定② ┃ ベースラインの確認

1 ベースラインとは何か？

　ベースラインとは，「基準になる線」を意味するが，取り組みを始めていない段階での状態のことである。このベースラインの確認には2つの意味がある。

a．子どもの実態把握　学習指導案や学校の研究紀要などで，「○○の子どもが多い」とか，「△△の状態である」といった説明を見ることがある。そこでは，実際にどの程度の割合なのか，またどういった状態なのかという点が不明である。ベースラインを確認すれば，実践前の実態を正確に説明することができる。

　また，学年によって，入学当初から何らかの特徴を示していることが多い。たとえば初めから問題行動が目立った学年や，あるいは比較的学力面でバラツキの少ない学年などである。そうした特徴をしっかりと把握し，教職員が共通理解するためにもベースラインをきちんと確認することは非常に重要である。

b．課題や取り組み方法の発見　ベースラインを確認する作業のなかで，それまで気づかなかった課題や取り組みの糸口などが見つかることがある。たとえば，不登校の子どもの過去数年分の記録をまとめる中で，特定の事由に偏りがあったり，あるいは1年のなかで不登校の出現数が多くなる時期に気づくことがある。取り組みでは，その事由に注目したりまた適した実施時期の検討ができるチャンスとなる。

　資料3-4は，不登校への取り組みにあたって，過去3年間をベースライン期と考え前年度末の卒業生の中の不登校生徒の欠席日数の実態を調べたものである。その結果，1年から2年に進級する段階に注目すべきであることが明らかになった。ベースライン期の分析によって，取り組みの留意点が明らかになった例である。

2 機会を生かしたベースラインの確認

　ベースラインの確認には，ある程度の時間的余裕が必要である。しかし，適切な指標を選んで調査しておけば，ベースラインを確認できる場合がある。

　例えば，ある取り組みを中学校で1年から順次取り入れていくことになったとする。初年度に，2・3年生も同じような調査等を実施しておけば，次の年

には進級した 2 年生のデータと前年の 2 年生のデータとの大まかな比較ができる。学年ごとの特徴があるので，単純かつ厳密な比較はできないが参考になる点が見つかることが多い。3 年生への進級時も同じである。

　また，ある中学校ブロックで，複数ある全小学校が何かの取り組みを同時に始める計画であったが，その中のひとつの A 小学校が，条件が整わずに開始を 1 年遅らせることになったとする。その遅れた理由を十分に考慮しつつ，可能であれば A 校でも調査をしておけば，他の先発組ともいえる小学校との比較ができるし，また A 校としては子どものベースラインの状態を確認できることになる。

資料 3-4　中学校での不登校生徒の欠席日数分析（佐竹，2019）

　不登校への取り組みを開始するにあたって，A 中学校では生徒の実態を分析した。その結果，前年度卒業生の中で不登校だった生徒は，表のように大まかに 4 つのグループに分けることができ，一口に「30 日以上の欠席」といっても，欠席状況には何種類かのパターンがあることが分かった。また，学年ごとの欠席日数は図のように推移していて，1 年から 2 年に進級する段階で不登校日数が急激に増えることが明らかになった。このベースライン期の資料をもとに，取り組み初年度の重点を 2 年生に置くことにした。

表　卒業生の不登校の傾向分析結果

	欠席日数の推移	人
A	3 年間をとおして年間 100 日以上	4
B	1 年次は 30 日未満であるが，学年が上がると増加	3
C	1 年次は 30 日以上で，学年が上がるにつれ増加	5
D	1 年次は 30 日以上だが，学年が上がると少しずつ減少	2
	その他	2

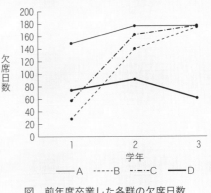

図　前年度卒業した各群の欠席日数

7 保護者や地域社会との連携を図る

1 保護者や地域社会への発信

　校内研究で取り組むテーマによるが，計画段階では保護者や地域社会・地域住民との連携や関わりを忘れがちである。しかし，小学校入学前の家庭環境や，また在学中の日々の生活は保護者によって支えられている。また，期間の長さの面でも，小・中・高等学校等と児童生徒との関わりはせいぜい3年間もしくは6年間であるが，保護者は一生の関わりがある。地域社会・地域住民も程度の差はあるが，子どもの生育環境としての影響は大きく，また子どもを将来の地域社会の担い手として重要視する傾向は高まっている。

　まずは，校内研究の取り組みをどのように保護者に説明し，また地域社会に発信するのかといった点での検討が必要である。ホームページ，電子メール，ソーシャル・ネットワーキング・サービス（SNS），配布物といった媒体の特徴を活かして，目につきやすくわかりやすい情報発信の工夫が必要である。何をねらいとして，どのような取り組みを行い，どういった成果が出ているのかを平易にわかりやすく伝えるようにする。こうした情報発信は，計画的に実施しないと，場当たり的になったりまた発信回数が少なくなったりする。

2 地域社会への貢献を意識して

　地域社会との連携が良好であると，たとえば職場体験学習での生徒の受け入れ先を確保しやすいといったように学校にとってメリットとなることが多い。しかし，今後はさらに学校が地域社会に貢献していく姿勢が求められている。

　まず，子どもの教育自体が次の時代を担う人材の養成になる。それとともに，現在でも，たとえば地場産業や地域の伝統行事を総合的な学習の時間で題材にしたり，あるいは運動会を地域の運動会と一体化して実施したりするといったことは，学校が地域社会への貢献となっている。また，日本語が母語でない子どもが多い地域では，学校での日本語教育はその保護者や地域社会にとって，貴重な教育の機会となっている。これらは特殊な例と考えられるかもしれないが，実はどの学校でも地域社会との関係を考える際には見逃せない観点である。

　資料3-5は，人権尊重に取り組んでいる地域にある中学校での実践例である。

人権教育の啓発と推進をめざすねらいで通信を発行した。日頃の人権尊重のよびかけにくわえて，生徒相互の適切な関わりができるように社会的能力向上のための学習プログラムの導入のようすを伝えたものである。計画段階から，こうした保護者や地域社会への働きかけと連携を設定する必要がある。

資料 3-5　人権教育での地域への発信 （木村，2018）

　自治体の全小中学校が実施することになっている社会的能力向上のための学習プログラムを，A中学校で本格的に実践することになった。この校区では人権教育の推進に力を入れており，その枠組みのなかで学習プログラムを導入した。生徒とその保護者に実践状況を伝えて，学習プログラムへの関心を高め，さらに保護者の理解を得て実践の推進を図るために，通信を約2カ月に1回の割合で配布した。通信はA4の大きさで，カラー刷りにして生徒を通して配った。

　下に示したのは，第2回目の通信の概要である。生徒のプライバシーに配慮しつつ，学習時のようすを写した写真や，また学習内容をわかりやすく標語にしたポスター，そして生徒の代表的な感想を載せてある。こうした通信によって，地道な取り組みながらも地域への取り組みの発信が続けられた。

○○中つながり通信　　　　　　　　　　　　　　　　　　○年○月○日 No. 2
　　　　　　　　　　　　　　　　　　　　　　　　　　　　　○○中学校

学校全体で○○プログラムを実施しました。
　（実施日や学習内容などの概要の説明）
　（生徒の様子，最初のウォーミングアップのゲームの写真）

- -

○1年生・3年生
「わかりやすく伝えよう」の学習をしました。
　（概要の説明，学習した伝え方のポイントの紹介）
　（学習時の様子を示す写真）
【感想】
　伝え方によって，相手が嫌な気持ちになったりするので，今日の学習を参考に気をつけようと思った。（3年男子生徒）

- -

○2年生
「聴くと聞く」の学習をしました。
　（概要の説明，学習した聞き方のポイントの説明）
　（正しい聞き方のポイントを示したポスターの紹介）
　（教師による役割演技場面や学習時の生徒の写真）
【感想】
　少しでも言い方や表情を変えるだけで全然違う感じになるので，友達と話すときは今日体験したことをやることが大切だと思いました。（2年女子生徒）

8 スケジュールを決める

1 取り組みの3段階

　校内研究の実施ではスケジュールの決定は重要である。取り組み期間の長短にかかわらず，おおまかに①準備，②本格実践，③定着・まとめの3段階になる。

　たとえば1年間の取り組みであれば，①準備が夏休みまでの1学期，②本格実践が年末年始までの2学期，そして③定着・まとめが年度末までの3学期という区分で実践の展開を計画することになるだろう。学校には，すでに教育年間計画があるので，それをベースにした日程となるように調整する必要がある。

　もし2年間の実施であれば，1年目が①準備期間で，2年目が②本格実践と③定着・まとめとなる。具体的には，1年目の1学期は計画立案と実態把握で，ベースラインをしっかりと確認する期間である。2学期に1～2の学級や1つの学年で試行して成果と課題を確認する。ここでの成果が大きいほど，「成功例」としてこの後の取り組みに弾みがつく。そして，3学期は試行の継続と，可能であれば実施の規模を拡大する。そして，試行の結果をふまえて2年目の②本格実践のための準備を行う。研修計画や教育課程への位置づけ，そして組織づくりが重要な課題である。2年目は②本格実践として，全校での取り組みを進めるとともに，2学期の終わりから3学期にかけて③定着・まとめを行う。

　3年計画での実施であれば，2年間の実施をもう少していねいに進めるスケジュールになる。すなわち，1年目が①準備にあたり，1学期は計画立案と実態把握を行う。そして，2学期から1つの学年等での試行を開始する。学校によっては，全校で一斉に試行に入ることもあるであろう。3学期には，試行の成果と課題を学校全体で共有し，2年目の取り組みに向けて組織づくりを整える。2年目は②本格実践の年であり，全校で実践に臨む。3年目は③定着・まとめの年で，課題の克服とさらなる定着，そして実践研究の総括を行う。

2 小さな成功例を積み上げる

　校内研究を効果的なものとするポイントは，「小さな成功例を積み上げる」ことである。まず，1つの学級や1つの学年で試行し，そこで得られた成功例を

次の全校実践での土台とするやり方が最も堅実なやり方である（第 4 章参照）。
　「小さな成功例を積み上げる」ためには，どのような点に注意してスケジュールを組めばよいのか。まずベースラインの確認時期（どの程度の期間を調べるのか），実施規模（学級や学年単位での試行をどの程度行うのか，全校での実施をどの時点で開始するかなど），研修計画（どんな内容を何回程度実施するのか，講師や準備物・資料はどうか），教育課程への位置づけ（妥当な位置づけか，既存の内容との整合性に問題はないか），取り組みのための組織づくり（第 3 章 2 節参照），評価方法（「ものさし」の選定と実施方法：第 3 章 5 節参照）などが検討すべき事項である。なお，公立学校であれば人事異動があるので，組織づくりにおいては実践研究をリードする担当者の引継ぎを考慮する必要がある。
　資料 3-6 は 3 年計画の実践例であるが，この学校の場合，2 年目の②本格実施の実践が 4 月からではなく 9 月から開始される計画になっていた。これは，取り組みを開始した初年度時点で，次年度に大幅な人事異動が予想されたために，本格実施の開始を少し後ろにずらすことにしたためである。異動後まもない教職員の負担を考慮して，準備期間を夏休みの終わりまで取り，スムーズな実践開始をめざしたもので，実態に即したスケジュール案といえる。

　　資料 3-6　3 年間の導入経過の例（香川・小泉，2013：2015 を参考に作成）
　学力向上をめざして小学校の全学年に社会性と情動の学習の SEL-8S プログラム（小泉・山田，2011）を導入するにあたり，次のような手順を取った。初年度で 1 つの実践例をつくり，2 年目はそれをもとに全学年で導入するが，人事異動を考慮して 1 学期と夏期休暇中の研修を経て，2 学期からの実践とした。そして，その実践経過を経て，3 年目は年度当初からの実践を行った。

表　社会性と情動の学習プログラムの 3 年間の導入経過

年　度	実施形態	実施時期	実施回数，教育課程の位置づけ
初年度	小 2 の 1 学級	9〜12 月	9 回の授業，学級活動，道徳，生活科
2 年目	小 1〜6 年の全学級	9〜12 月	8〜9 回の授業，特別活動
3 年目	小 1〜6 年の全学級	年間	8〜9 回の授業，特別活動

9 研究倫理を守る

1 個人情報の取り扱い

　学校では，特別な理由もなく，ある取り組みを一部の児童生徒には実施するが他の児童生徒には実施しないといった不平等にはよく注意が払われている。たとえば，給食でアレルギーのある子どものための除去食を始める場合，必ず保護者全員に事前にその目的と実施の理由，そして手続きの説明を行う。学力保障のための習熟度別学習や補習授業の実施などでも，よく注意が払われている。

　さらに最近は，個人情報の扱いに注意が必要になっている。したがって，児童生徒を特定できる情報の扱いには十分な配慮が求められる。校内研究の実施にあたっては，特に結果の公表（報告書，ホームページ等）に際して，①児童生徒の氏名や顔写真，②個人が特定できる資料（感想，作文，作品など）の掲載には注意が必要である。なお，子どもの書いた文章によって，書いた本人や書かれている対象者が特定される恐れがある場合は，その本質が維持される範囲で，複数の類似した事例を組み合わせて掲載することによって，個人が特定されないようにすることは可能である。ただし，その場合はそうした配慮と操作を行ったことを下のように明記しておく必要がある。

○生徒の感想より

　○○さんは，他の教科でも△△△が上手だが，今回の発表を見て……でもよくできていると思った。とてもすごいことだと感じた。

（注：この感想は，記述内容の本質を損なわない範囲で，複数の生徒の文章を組み合わせたものである。）

---

2 引用元の明記

　他の実践論文や商業雑誌の文章・図表・写真を使った場合は，必ず引用したことを明記する必要がある。政府や地方自治体が出す公の文書や答申についても同様である。「教育に関することで，また営利目的ではない。読むのも関係者だけなので，これくらいはよいだろう。」と考えるのは大変危険である。下

52

に示すような書き方で，どこからの引用なのかをきちんと示しておく必要がある。また，その文書や文献名は，論文等の末尾にまとめて示すようにする。

文献等の引用方法例

○他の文献の概要や特徴，あるいは主張点を要約して引用する場合
- ○○中学校（2005）によると，学年に上るにつれて……
  （注：○○中学校が 2005 年に出した報告か実践論文を引用している）
- ……といったことが示されている（福岡，2010）。
  （注：福岡という人が 2010 年に出した論文または本を引用している。）

○他の文献の文章をそのまま引用する場合
- これについては，「意欲の高い児童にとって……」（○○小学校，2017）と報告されている。
- ○○審議会（2015）では，「……」と説明されている。

※一般に，伝えたいことや主張点が不鮮明になるのを避けるために，長文をそのまま引用するのは避けた方がよい。

○図や表を引用した場合

表1　○○についての△△△

学年	□□□の種類	人数	割合

出典：○○中学校（2016）

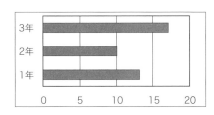

図2　中学生の学年ごとの○○の人数
出典：○○中学校（2016）

※「出典」という言葉は省略されることもある

○論文等末での文献の書き方
　○○中学校(2005)　○○指定研究　□□□の取り組み―○○を通して―
　福岡太郎（2010）　○○○への取り組み　△△出版社
　○○審議会（2015）　△△△に関する答申

※文献の引用方法や掲載順等は分野によって異なるので，前例に合わせる。

第4章

試行的な実践を行う

　第4章では，試行的な実践の価値と留意点について解説する。試行的な実践は，本格的な研究の前に，小規模であっても様々な示唆を与えてくれる。とりわけトップダウンで校内研究が行いにくい状態で，ボトムアップ的に研究の成果を共有していく必要がある場合に有効である。本格的な研究の方向性が確かな根拠のあるものになるよう，試行的実践では，得られたデータの詳細な分析，研究の成果と課題の共有，研究計画の練り直し，試行実践の成果と課題をまとめていく必要がある。

1. 試行的な実践の必要性
2. 試行的実践の成果と課題の共有
3. 実施計画の練り直し
4. 試行的実践のまとめ
5. 全校的な取り組みへの展開

1 試行的な実践の必要性

1 校内研究の準備

　全校規模の校内研究を行う前の段階で試行的な実践研究を行うことは，さまざまな面で役立つ。試行的実践を行うことで，教職員の意欲を高め，実施可能で無理のない手続きを見いだすことができる。さらに，関連する新たな要因の発見，効果測定の指標の追加，実践研究組織の見直しなど，研究計画やスケジュール，研究組織のあり方の改善につながる多くのヒントが得られる。

　日本の教職員は多忙で，校内研究を推進するには，教職員が「自分ごととして」校内研究に意欲的に参加するしかけが必要になる。試行的実践の段階で，日々の授業やクラス経営の良い影響などの「小さな成功体験」を推進者だけでなく教職員が共有できれば，校内研究の意味や意義を感じられるだろう。一人ひとりの教職員にとって，研究発表会までの実践のプロセスや成果から得られた職務の改善につながるヒントを紹介する。

2 ビジョンの明確化と実現可能性のために

　校内研究の推進には，ビジョンの明確化が重要になる。また，やればできるし，効果が期待できると思えるように，試行段階でえられた結果が整理され校内で情報共有されることが必要である。このような土台を整えることで，全職員に校内研究の意義や価値が理解され，本来の研究の目的を共有できる。したがって試行段階の実践研究では想定する「良い結果」だけを求めるのではなく，その結果の良否にかかわらず，なぜそのような結果になったのかの，細かい分析に意義がある。なぜなら，対象の児童生徒が少ない段階では，結果に及ぼす様々な要因を細かく検討できるからである。ある仮説をもった実践の効果を見るときに，そのクラスの実態と実践が適合しているときには効果があったものが，実践の必要性が少ないクラスでは，効果がないこともあるだろう。それを単純に2つのクラスの生徒をあわせて分析することは，隠れた要因を見逃すことになる（内田，2016）。

　好ましい結果が得られた場合にも，その要因について，少数の対象者だからこそ，データを確認し，追加の調査や分析を行い，再吟味できる。したがって，

少数のデータを記述的に確認し，統計的な検討をする前の吟味を行うことや，隠れた要因がないかを探索していくこと，実践しているクラスとしていないクラスを比較検討することなどによって，試行的実践は，本格実施にむけて，より良い研究デザインを考える貴重な機会となる。つまり，成果と課題の，課題の中に，次の研究への大きなヒントが隠れているといえる。

資料4-1　中学校の国語科の授業づくりに学びのユニバーサルデザイン（以下 UDL）
　　　　　ガイドラインを活用し実践した効果検証（内田・西山・納富，2015）
　２つのクラス（Y組，Z組）で学業達成を別々に分析することで，各クラスの事前の学業到達度の違いが，効果に影響することが明らかになった。
　具体的には，ICT を活用して理解を促す視覚化やグループでの学びあい，さらに身近な体験に基づいた応用的実践を行った。事前の学業達成が低かったY組には改善が見られたが，事前の学業達成が高かったZ組では，改善が見られず，事前の実態把握の重要性が示唆された。

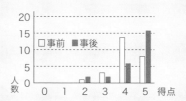

図1　「事実と意見」Y組事前・事後テスト得点分布（n = 26　満点5点）

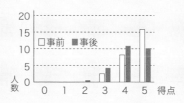

図2　「事実と意見」Z組事前・事後テスト得点分布（n = 26　満点5点）

2 試行的実践の成果と課題の共有

1 校内研究への動機づけを高めるには

　校内研究では，おもに研究主任や研究推進部が研究推進を行うことが多い。その際に，全教職員に最初から一方的に研究主題を提案するだけでは，教職員の動機づけを高めることは難しい。校内研究を全教職員の学びの機会ととらえ，人材育成につながるように動機づけを高めるには，鈴木（1995）が紹介するARCS動機づけモデルが参考になる。ARCS動機づけモデルとは，注意（A：Attention），関連性（R：Relavance），自信（C：confidence），満足（S：satisfaction）に留意し，成人の動機づけを高めるアプローチである。具体的には，注意の側面（やりがいがありそうだ），関連性の側面（今の課題に関連し解決に役立つ），自信の側面（やればできそう），満足度の側面（やってよかった）に注目し関係者の動機づけを高める提案が必要になる。意欲をもち全教職員が研究に取り組むには工夫が必要となる。

2 校内研究への動機づけを高める成果と課題の共有方法

　そのほかにも校内研究への動機づけを高めるには，3つの方法がある。まず，同僚の参加意欲を高めることである。試行的な実践に協力してくれる同僚に成果を細かくフィードバックし研究の成果を言語化，数値化，グラフ化する。児童生徒の変化を可視化・言語化し，価値づけを行う。2つ目は，ニュースレターなどでの，全教職員への情報提供やフィードバックである。3つ目は校内研修会での校内全員の知識や手法の向上である。また，これらの実施には，学校が組織であることから，校長をはじめ推進組織に含まれる同僚への報告や相談が欠かせない。

a．同僚の参加意欲を高める

　校内研究の成果や価値を分かち合うためには「児童生徒の変化を可視化する実践」が効果的である。先行実践として示すことで教師集団に大きなインパクトを与え，研究への参加意欲を高められる。試行実践の協力者は，必ずしもベテランで誰もが指導力の高さを認める教師である必要はない。むしろ，たとえば課題をもつ児童生徒を多く担当して，授業づくりやクラス経営に悩んでいる

教師や，経験が少なく，一見して苦境に立っている教師である。こうした教師は，苦しんでいるからこそ，新しいことに挑戦し，そのことにより授業を改善して，より良いクラス経営をしたいと望んでいることが多い。その意欲を尊重し，相談しながら，無理のないステップをつくり成果につないでいく。そのようにして予備研究に協力してもらい，教師や児童生徒の変化を示すことができれば，次に研究を広げていく起爆剤になる。

b．ニュースレター（研究推進だよりなど）：幅広く無理なく同僚に確かな知識と実践研究の
　　効果を伝える

　たとえ少数でも校内で行われた実践の試みが成功すると，意図しなくても，教職員集団の意欲に高まりが起こる場合がある。多くの教職員は，けっして校内研究での新たな試みに関心がなかったのではなく，多忙な状態で，本当に良い実践なのか，本当に効果があるのか，根拠があるのか，など疑念をもつ場合や受身であるのかもしれない。しかし，推進委員会での協議を経て，管理職の承認や助言を得ながら，多忙な教職員の目にとまる形で，校内研究開始時点から，ニュースレターやお便りという形で，試行実践の目的や計画，そして進捗状態，研究協力に対する感謝の気持ちを伝えることができれば，学校全体への波及効果は大きいと思える。

　研究全体を理解してもらうために効果があった実践事例を身近に知る経験が加わると，多くの場合，理解者や協力者が増え，学校全体での研究推進につながっていく。1 年目の提案が，次年度は学校での主題研究となることがあり，これは，前頁 a. に示した，協力者の達成感に加え，学校全体への周知が感謝と根拠を持ってなされていくからである。

c．校内研修への位置づけ

　校内研究を進めるうえで必要なことは，実践研究に必要な知識や技術の研修を校内研修に位置づけ，全員が獲得できるようにすることである。その際に重要なのは，実践に必要な知識や技能だけではなく，校内の実際例を適用して演習を実施し，試行実践で得られたデータの結果のみ示すのではなく，その目的や測定手法などをわかりやすく説明しながら，自分でもできそうだという参画意欲に導くことである。

　また，より多くの教職員が当事者意識をもつことができるように，校内研究

に関連のある校務分掌の教職員を巻き込みながら，研修を進めることである。

資料 4-2　中学校での特別支援教育の推進の実践（阪本・納富，2011）

　阪本・納富（2011）は，小規模中学校での特別支援教育の推進のため，教職員の意識調査から研修の充実が重要であることを明らかにし，校内研修会の機会が限られていた中学校で約 90 分の校内研修を夏季休業中に行った。この機会を最大限に生かし，教職員の共通理解や認識を促進し，研修会を意義あるものとするために，以下の工夫を行った。

①生徒の実態を明らかにするデータ（教研式標準学力テスト CRT・学校生活を楽しく送るためのアンケート Q-U）を活用して，支援の必要な生徒の共通認識を図る。

②演習形式で支援方法を参加者で考える。

③発達障害（LD・ADHD・高機能自閉症・アスペルガー）の特性・対応法を学ぶ。

④在籍している生徒の事例で学ぶ。

　研修後の教職員への聞き取りからは，二学期から，授業やクラスでの座席の配慮やグルーピングの工夫が実践されていた。研修を契機に，生徒本人の特性を考えながら対応している教職員が増加した。事後アンケートの自由記述には「今まで対応した生徒でなかなか指導が身に付かない生徒がいた。この研修で発達障害の生徒を理解し，生徒指導の方法も考えていこうと思う」「正しい生徒理解にとても役立つデータなので，もっと広く活用されるようになればいい」「生徒の健康診断票（個人）のように，保存されていくとよい」という意見があり，研修が，目的とした教職員の共通理解や，特別な教育的支援を必要とする生徒の認識を高めたことが明らかになった。

資料 4-3　次のようなニュースレターが，教職員の動機づけを高めていった。

研修だより　　　　　　　　　　　　　　○年○月○日

「ご協力ありがとうございます」編　　　　　　　　池上　詠子

　まだまだ，残暑厳しき折，前期後半がはじまりました。先生方には，子ども達の支援，分掌のお仕事など，慌ただしい毎日だと思います。お疲れ様です。

　前期前半の間，先生方には，各クラスに入らせていただいたり，アンケートをとっていただいたりなど，大変ご面倒をおかけしました。ご協力ありがとうございました。

　私の大学での課題テーマが「クラス活動(1)を通したクラス経営の充実」となっていますので，今後も，先生方には，児童の実態調査や授業実践等へのかかわりをお願いすることになると思います。引き続き，ご協力をよろしくお願いいたします。

―先生方へのお願いです―

①　今，担任の先生にお願いしている児童へのアンケートは学校環境適応感尺度（アセス）です。すでに学活の研究授業が終わっている5のAと6のBには，事前に取らせてもらい，結果と簡単な分析をまとめ，今後の支援についてのお話しをさせてもらっています。今後の取組を通して子どもの実態やクラスがどう変容するかを見るために再び11月に同じア

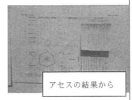

アセスの結果から

ンケートをお願いしたいと思っています。その結果から有効だった手だてはどんなことだったのか明らかにし，先生方にご提案させていただければ，と考えています。先生方への意識調査のアンケートも随時お願いすることになると思います。ご面倒をおかけしますが，よろしくお願いします。

> グループ交流の観察の様子

グループ交流する
児童の写真

②　また，これから授業実践されるクラスでは，特にQU検査で要支援群やクラス生活不満足群などに属していた児童を一人抽出児として選び，学年部で分担して観察記録をとってください。（6のBの授業の際は高学年部で分担してみていただきました。）私も，その子の様子や発言を中心に記録をとらせていただきたいと思っています。クラス内の一番厳しい子が学活の取り組みによってどう変容するかを見るためです。同時に2回目のQUで子どもやクラス集団の様子がどう変わったかも分析させてください。・・・後略・・

3 実施計画の練り直し

1 試行実践の成果と課題から学ぶ

　試行実践を行うと，最初の計画通りの推進は難しいことがわかることがある。試行実践では，成果とともに，課題も明らかになる。成果を分析するときには，効果があったという点にだけ目を向けるのではなく，それがどのような条件で可能になったのかという，隠れていた要因の分析が必要である。どのような年間計画で，だれが推進者や協力者で，どのような実践が，どのようなクラスで，どのような実態の中で行われたかなど，結果に影響を与える要因は多い。また課題についても発見であると肯定的に捉え，研究計画を練り直すヒントとする。分析を行い，それを改善できる方法がないかを考え，次年度の実践を行う。

2 練り直しを行った具体的実践例

　ある中学校で，これまでの学校の荒れの要因に「学習がわからない」ことが一因として浮かび上がった。どの生徒にもわかりやすい授業を授業の計画段階からデザインする学びのユニバーサルデザイン（UDL）ガイドライン（CAST, 2011）を活用する研究を行うことになった。ところが，長期に及ぶ学校の荒れに対応していた中学校には，生徒指導の体制はあっても，通常のクラスの個々の生徒の特性や特別な支援が必要な生徒の実態把握がされていなかった。そこで，試行段階では，UDLガイドラインに関連するいくつかの生徒の実態を把握するアセスメントを行った。またニーズのある生徒がどれくらいの割合で在籍しているかを確認したうえで，最も効果が表われやすいと考えられる国語科の説明的文章で効果を検証することにした。しかし，小規模中学校でもあり，実践を行うクラスと行わないクラスを作ることには，教職員からの強い反対があった。そこで，効果検証の方法を変更し，事前事後での単元テストでの成績を比較検討することにした。

　学校の現状から考えると，理想的な研究デザインで研究できないこともある。学校の事情をふまえ，効果を明確に示すことができる次善の方法を提案していくことが大切である。校内研究において，エビデンスをより高度なレベルで示すことができれば理想であるが，教育現場を舞台にした研究では，通常の生徒

表 4-1　UDL 授業を行う準備段階のアセスメントの工夫の変更（内田，2016）

	1 年目	2 年目
ア セ ス メ ン ト	小学校からの引き継ぎ資料 各教科における様相観察 サポートヒントシートを用いた聞き取り調査 Hyper Q-U Multiple Intelligence（MI）調査 学校環境適応感尺度（ASSESS）	各教科における様相観察 「得意な学び方チェックリスト」 　A　聞く，声に出す，歌う等 4 項目 　B　文字，絵，動画，図表等 5 項目 　C　活動後説明を聞く等 2 項目 　D　先生，生徒，グループ，関連づけな 　　　ど学び方や動機づけ 4 項目

の学びに大きなマイナスが起こると予想される実践は行えない。

　内田（2016）は，1 年目の実践は，表 4-1 に示すアセスメントをもとに行っ
た。その結果，校内研修に位置づけられた UDL を活用した授業実践では，日
ごろの学習態度からは想像できない生徒の意欲的な参加がみられた。授業を参
観し，その観察をもとにワークショップを行った同僚教職員が，生徒の実態を
把握した上でデザインされた授業の効果について高く評価した。その結果，そ
の中学校では，次年度の主題研究が UDL を用いた授業改善になり，全校をあ
げての研究へと発展した。また，試行実践では，多忙な中学校では多面的なア
セスメントは，多大な労力がかかることがわかり，継続することは困難と予想
された。そこで表に示すように授業デザインの根拠となる学習者の学び方の強
みのポイントを押さえたより簡便なアセスメントツール「得意な学び方チェッ
クリスト」（巻末付録，p. 167）を開発し，学校現場で効果的な実践が持続可能
なように，実態把握の方法を変更した。こうして実態把握も効果検証も必要十
分な方法に変更していった。

✎　ワーク　4-1

　　文献や先行実践からは，新たな支援方法を取り入れた指導が，生徒の学
　力を高めることがわかった。理想的には支援方法を取り入れたクラス（実
　践群）とそうでないクラス（対照群）を比較できるとよいが，校内研究推
　進部で，効果がある支援を学年全体で行うことになった。次善の方法とし
　て，どのような研究デザインをとるとよいか考えてみよう。

4 試行的実践のまとめ

1 実践を記録する

　試行実践では，計画段階から，5W1H すなわち「いつ，どこで，誰が，どのように，何を行い，その効果の検証をどのように行うか」を，明確にして実践を行うとよい。このように，5W1H を明らかにして，実践を計画し，研究をデザインすることで，報告書をまとめるときにも，問題と目的，対象と方法までは容易に記述できる。その上で結果の分析を行う。まずは，客観的なデータを読み，分析を行い，中立的にデータを記載する。少数例で記録を丁寧にとり，きめ細やかに実践できるので，予想した結果の場合もそうでない場合も，関係する新しい要因に気がつくことになるかもしれない。

　また，研究には，データの記録が重要になるが，ひとつの研究ノートに，時系列にそって，記録する方法もある。さらに，実践を行うなかで必要なデータが，自然に集まるような，次のページのようなシートを使って記録を行うことも効果的であろう。

　これは，小学校外国語活動で，担任教師にコンサルテーションを行うときに活用したシートである。研究をまとめるときに重要な要素をまえもって記録できるように構造化した記録シートを活用することで，まとめる時間を省略でき，研究に関わる様々な要因に気づきやすくできる。

　忙しい学校現場での研究だけに，「記憶」にたよるのではなく，必要なことをわかりやすく「記録していく」ことが重要であり，それが，情報を共有するときに役立つ。

2 実践の成果と課題を分析する

　試行的な実践により，本格的な研究を始める際に，研究の方向性や検証手法や実践手続きを明らかにできる。少数事例や小規模の実践で明らかになったことは，大きく成果と課題に分類して，次の本格的な研究の実践に生かしていく。

　成果をまとめ報告することで，次に行う本格的な研究で必要な，管理職や協力者への協力を得やすくなる。研究計画に関して，学校の年間計画と連動させながら，書面で管理職や関係者と共有し，研究への動機づけを高めることがで

きる。また，発見できた課題については，本格的な実施に際し改変を加えたり，新たな課題として取り組むことができる。

コンサルテーション・シート

コンサルタント：

抽出児	学年	コンサルティ教師
なまえ	年　　組	名前
名前	担任	20代・30代・40代・50代
面会日	月　　日	時～　時
出席者（チームメンバー）	名前（役割）	

児童の長所（強み）と関心事

児童の学習・行動についての心配

問題の主旨

提案（思いつくままに）

精選後の提案

実行
なにを・どのように？
いつ？
だれが？
実行の手順

実行の評価
成果

次回の面会日	月　　日	時～　時

将来（今後）の計画（予定）

出典：Gargiulo R M & Metcalf D　2010　*Teaching In Today's Inclusive Classrooms A Universal Design for Learning Approach*　WADSWORTH　CENGAGE Learning

©Hiroko Sato

図 4-1　コンサルテンションシート

65

5 全校的な取り組みへの展開

1 全校へ広げていくための工夫

　校内研究を全校的な取り組みに展開していくにはどのような工夫が必要だろうか。協力者へのフィードバック，啓発としてのニュースレター，研修への位置づけなど，すでに述べたような工夫をしながら，試行的な実践研究の成果と課題をまとめ学校全体へ情報共有を図る。そのことを通じ，全教職員の意識と共通理解や協働実践に向かう意欲が高まれば理想的であるが，学年会や校務分掌を活用したより組織的計画的な展開も必要であろう。

　特に最初は1クラスでの実践を，学年やさらには学校全体の取り組みに発展することを目指すボトムアップ的な展開では何が必要になるだろうか。

　ひとつには，校長がリーダーシップをとり学校経営計画のなかに，学校の課題の分析と，その解決に校内研究が役立つことを明確に示すことができれば，研究推進の追い風になるだろう。この場合，研究推進委員会を組織することで，学校の全体計画との整合性をもたせて推進していくことが可能になる。

　もうひとつは教育課程への位置づけである。年間計画や行事計画との関連性を持たせることで，校内研究は，「必要であり無意識で行っていること」を，「より機能化させ，より効果的効率的に行う」ことであり，自らのまた学校組織全体の力量向上につながることが理解される。そうすれば研究の日常化が図れる。

　さらに校務分掌はできているものの，担当の分掌の機能化が十分でない場合に，研究を通じて機能化できれば，次年度に向けて効果的で無理のない年間計画に基づく校務分掌や役割分担につながる。

2 学校規模を意識しての取り組み

　また，全校的な取り組みに展開していく場合に大切なのは，学校規模による工夫である。たとえば，大規模校であれば学年ごとに，テーマに関して力量や知識のある取り組み担当者にお願いして，学年会などを活用して広げていく。以下の事例に示すように，小規模校であれば，研究推進者を中心に研究推進委員会で推進計画を立て，モデル実践やモデルとなる共同実践を行い，研究推進

者がコンサルテーションを実施して成果を共有する方法が効果的である。

3　ピンチはチャンス

しかし，学校状況によって，どうしても参加できないクラスや学年がでてくることもある。そのような場合には，実践をしないクラスや学年の成果を確認し，実践した場合との比較をすることができる。このことで実践の効果に関係する新たな要因に気づくこともある。また，学年から学校全体に広げる場合には，発達段階や，学校における学年の位置づけから，評価方法や実践内容を調整する必要がある。たとえば，小学校 1 年生と 6 年生では，当然，読める文字も，実践の内容も異なる。学校での研究を広げていく場合に，重要な視点である。たとえば，社会性と情動の学習「SEL-8S」では，小学校（小泉・山田，2011a）や中学校（小泉・山田，2011b）で，発達段階をふまえて教材が作成されている。このようなプログラムでの工夫は，学校での実践を行ううえで，教職員の負担を軽減し実践が行いやすくなる点で参考になる。

資料 4-4　個別ファイルを活用した支援での生徒の改善の可視化

　ある中学校で，研究推進者が特別支援教育推進の研究を開始しようとした時，生徒指導案件が頻発し，研究提案の時間がとれない状態が続いた。さらに「特別支援教育なんて甘やかしの教育」「もっと，厳しく指導すればすむこと」という主張が影響し，研究推進が難しくなった。しかし，推進者は，特別支援教育と生徒指導は，密接な関係があるという実体験を持ち，賛同してくれる少数の教職員の協力で 2 事例での研究を開始した。生徒指導上の課題のみが注目され指導効果がみられなかった生徒に対し，特別支援教育の視点から，生徒の特性を理解し，学習上の強みを活用した教育指導を行った。

　課題のあった生徒の学校環境適応感尺度（ASSESS）（栗原・井上，2017）は，実践後要支援領域からの改善がみられた。その成果を含む校内研修において，一人の生徒が示す生徒指導上の課題が，特別支援教育の要素を含み，アセスメントに基づき個別のニーズに応じた支援を行えば，通常のクラスにおいても大きな変化をもたらすことが可視化できた。このことを研修の中で共有することで，同僚の賛同が得られ，校長のリーダーシップの発揮につながり，次年度の校内研究を大きく推進することが可能になった（阪本・納富，2011）。

第5章

教育実践を行う

　研究の成果が得られるように，またその成果が無理なく持続していくように，それぞれ学校の実情に応じて，試行実践から学校全体へ，さらに中学校ブロックへと教育実践を広げていくことが期待される。第5章では，教育現場ならではのさまざまな具体的な実践研究の工夫を紹介しながら，このプロセスを説明する。

1. 教育課程への位置づけの工夫
2. 既存組織（学年会）の活用
3. 少数のクラスから学年全体の取り組みへ
4. 学年の取り組みを全学年へ広げる
5. 校務分掌の改善への工夫
6. 中学校ブロックでの推進組織づくり
7. 研究推進委員会への組織的コンサルテーション
8. 若手教職員や同僚へのコンサルテーション
9. 研究推進だより（ニュースレター）の活用
10. 校内研修の工夫

1 教育課程への位置づけの工夫

1 教育課程とは何か

教育課程とはカリキュラム（curriculum）の訳であり，学校の教育目標を達成するため，児童生徒の発達に即して，各分野から得られる教材や学習活動を選択・配列した指導計画の体系である。現在の日本の小・中・高等学校の教育課程は学習指導要領が基準とされている。

校内研究のテーマが決定し，中心となる推進委員会のメンバーが決まって，年間計画を立てる段階になったとしよう。その際に校内研究の実践授業を「いつ，どこで，誰が」中心となって行うかは，推進する側が苦慮するところである。とりわけ，「いつ，どの時間に」実施するかは重要である。学校は，各教科や領域で教育課程の系統性や必要な時間確保は必須であり，研究の内容と照らし合わせ最適な時間を選択する必要がある。いくつか例をあげてみよう。

2 教育課程に位置づけるとき考慮すべきこと

たとえば学力向上がテーマであれば，学校の学力に関する実態を，全国学力学習状況調査結果，学業成績や学びに取り組む態度などについて把握し分析を行う。教科ごとに，学習に向かう態度や意欲，基礎的な内容の定着，応用分野などどこに課題があるのか，個人・学級・学年の差などに着目し分析する。そのうえで，教科の時間を中心に，単元や時間を定めて，改善のおもな視点を定め，単元構成，授業実践者，検証授業の時間を決定する。

ところが，生徒指導における社会性向上の学習プログラムの導入や，教育相談のプログラムを導入する際には，どの時間に位置づければよいだろうか。

香川・小泉（2013）は，児童の社会的能力向上による学習への取り組み促進の効果を見るために，小学校低学年で社会性と情動の学習（SEL-8S）（小泉，2011）を導入した実践を紹介している。学習プログラムを実施し社会性を向上させていくために，既存のカリキュラムとの関連づけをはかることにした。そこで，学校行事との関係，学級活動，道徳の内容と，置き換えが可能な9時間分の内容を選び，実践クラス担任と相談し計画した。その内容には，学校の重点目標である，「生活規律の徹底」「学習規律の確立」と「学び合う態度の育成」

「認めあう心をはぐくむこと」を考慮した。また，学習プログラムの定着や般化のため，ポスターなどの掲示や家庭との連携として家庭学習記録の協力も求めた。次年度には，この取り組みを小学校全校に広げた（香川・小泉，2015）。そこでは，学校長の学校経営要項の重点目標である「きまりの価値を理解する」の内容が全学年に入るようにした。学年によって内容が「総合的な学習の時間」の学習活動にあわない場合もあり，特別活動に一部位置づけた。

　プログラムの内容が，学校のカリキュラムを横断する内容の場合には，必要な時間数を適切な関連する教科領域に導入するために，根拠を明らかにした提案と調整の必要がある。そのため導入が可能であるかを，前年度から校長をはじめ，関連する部署と調整し，必要な時間の確保を行う必要がある。

3　教育課程に位置づける意義

　学校教育の中で校内研究が効果を発揮し，受け入れられ，持続可能なものになるためには，学校全体の重点目標との整合性をはかり，既存の教育課程以上に教育効果が上がることをめざして，計画的に実践を行うことが必要になる。

　また，学校には，修学旅行，運動会，体育大会，学習発表会など，児童生徒の成長を通常の授業場面以外で促進し観察できる機会がある。行事は，児童生徒にとっても目標として意識されやすく，校内研究と行事の関連性をもたせることによって，取り組みの必要性や必然性を感じさせることができる。校内研究の最終成果は，児童生徒の姿として現われるので，年間の行事も含めて，教育課程に位置づけることは，より高い効果に繋がる可能性がある。

　また，教育課程に位置づけることは，研究推進の担当者が交替した後も，その実践が引き継がれ，持続可能なものになるきっかけとなるだろう。校内研究が終わり，担当者が異動になり効果があった実践が消え去ることを防止できる。

✏ ワーク　5-1

　校内研究の実践は，どの時期に，どのくらいの時間，どの教科や領域で行うか。その計画を，年間計画のなかに記入して，他の行事との関連を考えてみよう。

2 既存組織（学年会）の活用

1 働き方改革のなかで

学校では，働き方改革が求められてきている。日本の教職員の長時間労働は，教職員の健康面でも教育成果の観点からも課題とされている。学校が果たすべき役割についても，選択と集中が必要であるといわれる。働き方改革として，各教育委員会が，テクノロジーの活用や業務外注化を含め工夫を進めている。そのように考えると，校内研究は教職員にとって，さらに多忙感を増すことになるのではないかと思われることもあるだろう。

2 既存の組織や校務分掌を見直す

学校が解決すべき課題を放置していけば，それは問題の解決を先送りすることになり，その課題対応のために忙しさを増すことになりかねない。校内研究を通じて学校の課題を解決し，教職員の力量を向上させるという目的が達成されれば，学校は子供たちにとってより安心して学びやすく，ひいては教職員にとっても働きやすい職場となる。

しかし，研究推進のための新しい組織の提案は，教職員の抵抗感が増すことにつながると容易に想像できる。まず，新しい校内委員会開催の時間を計画的にとることが難しく，生徒指導事案がおこれば，計画されていた会議が何度も先送りされることさえある。このようなときに役立つのが，学校の既存組織や校務分掌の活用である。たとえば，学年会の利用である。時間をとり定期的に開催されていても，課題解決に役立つ協議でないことや，少なくなったものの「学級王国」とよばれるように，クラスの課題を協議することに抵抗感がある教員もいるだろう。この学年会の使い方を改善すれば，新しい組織は必要ない。

このように既存の組織を利用して，校務分掌の役割の明確化や機能化ができれば，負担感を増すことなく研究実践をスタートさせることができる。

3 既存組織（学年会）を利用した段階的な援助チームの導入例の紹介

具体的な例として馬場・西山（2012）の実践を紹介する。小学校での学校適応上の課題を組織的にチームで援助する方法を，学年会の機能にくわえて取り組んだ実践である。小学校では，一般的にクラス担任制のため，適応状態に懸

72

念のある児童の把握と支援を，クラス担任が抱え込みがちである。この課題解決のために，学年会での話し合いの内容に「チーム援助会議」を取り入れ援助の中核に位置づけたシステムを提案し日常的に検討した。その背景には，当該校が若年層教職員の割合が多い大規模小学校であり，適応に課題のある児童に早期に気づき，必要な場合チーム支援を開始する必要があったからである。

　「チーム援助」（石隈，1999）とは，「子どもの学習面，心理面・社会面，進路面，健康面における問題状況の解決を複数の専門家（教師，スクールカウンセラー，特別支援教育コーディネーター，保護者等）で行うこと」であり，生徒指導提要（文部科学省，2010）にも，複雑・多様化する児童生徒の問題解決には，担任一人ではなく校内の教職員や専門家を活用して組織的に対応するチームによる援助の重要性が指摘されている。

　1年目の実践では，会議を短時間で有効かつスムーズに行うための校内チーム援助会議マニュアル（香田・西山，2010）と援助シート（石隈・田村，2003）を活用した。その結果，校内援助チームの有効性が確認できた。しかし，時間確保や対象とする児童の判断基準の難しさ，若年層教職員が大きな会議では発言しにくいなどの運用上の課題が明らかになった。そこで2年目の研究では階層性をもった組織援助チームを構想することになった。

　この実践のように，既存の組織を機能化していく方法は，教職員の負担感が少なく研究推進上効果的である。また，そのためには各組織の目的や役割，ゴールを達成するためのメンバー構成の適切さも検討する必要がある。

✎ ワーク　5-2

校内研究推進に向けて，既存組織活用のための表をつくり考えよう。

組　　織	運営委員会	研究推進委員会	学年会	……
目的・ゴール				
構成員				
日程・協議内容（時間）				

3 少数のクラスから学年全体の取り組みへ

1 少数のクラスでの試行実践を活用するポイント

　校内研究をボトムアップでスタートさせて学校内に広げるには，小規模の試行的実践から始めるとよい。これによって，参加者の意欲を高め，実施可能で無理のない手続きを見いだし，関連する新たな要因を発見し，効果測定の指標の追加や実践研究組織の見直しを行うなど，研究計画やスケジュール，研究組織のあり方の改善につなげることができることをすでに述べた（4章参照）。

　具体例について，小学校外国語活動の改善の取り組みの実践を紹介する。

2 小学校外国語活動での段階的な導入の実践例

　佐藤・納富（2018）は，大規模小学校で児童の主体的な学びの促進のため，「学びのユニバーサルデザイン（以下 UDL）」を活用して外国語活動の授業改善を行った。UDL は，米国の非営利団体 CAST が提唱した，学習者の主体的な学びを支援する理論的枠組みで，すべての人に等しく学習の機会を提供するカリキュラム開発のための一連の原則である。学習者一人ひとりのニーズに合わせて変更（カスタマイズ）や調整が可能な柔軟なアプローチを指す（CAST, 2011）。試行段階では，小学校 5 年の 1 クラスに，UDL を活用したモデル実践を行い，手続きと効果を明らかにした。外国語活動の実態を把握し，教職員の理解と意欲を高めるために夏季休業中の校内研修で，全教職員に UDL ガイドラインを紹介し，実践の効果をニュースレターで紹介した。

　具体的には，学校の外国語活動の課題分析と対象となる学年の児童の実態把握をもとに，1 年目は，外国語活動の 1 時間だけを UDL を活用して授業実践を行った。その結果，UDL 授業の導入前後で，意欲面に関する項目で，外国語活動が「まあ好き」「好き」な児童は 18％増加，英語を「どちらかといえば使ってみたい」「使ってみたい」と思う児童は 42％増加した。児童の学ぶ意欲の変化を数値で示し効果を明確に示すことができた。全体の児童の主体的な学びに効果があり，教育的ニーズのある児童も意欲面が向上する結果が得られた。

　また，UDL を活用した授業づくりについて，①児童の詳細なアセスメント（苦手と得意の両面で），②UDL ガイドラインに基づいて教育的ニーズのある

児童への学習支援の検討，③クラス全員への学習支援を含めた学習指導案の作成，④ ALT との打ち合わせ，⑤授業を実施という手続きをとった。

　2年目には，1年目の試行実践の成果をもとに，UDL を活用した外国語活動を小学校5年と6年の2学年に1単元を通して広げることができた。具体的には，どのようにして，2つの学年に広げることができたのだろうか。

3　手続きの改善を行う

　1年目の実践で UDL の授業づくりの手続きが明確になり効果を示すことができたが，1回1時間の導入では実施直後には効果があるが持続性に課題があることがわかった。そのため，外国語活動の1単元を通した UDL ガイドラインに基づく学習支援を行うことにした。そこで，クラス担任にコンサルテーションを行い，研究推進者との共同授業で実践を行って担任と児童の変容を明らかにすることとした。効果の検証についても，実態把握や効果検証に活用するツールを，簡便なものに変更した。

4　段階的なコンサルテーションを通じて

　手続きや効果を具体化し，方法の改善も行い，校内研修を通じて教職員全員の理解が深まったとしても，新たな手法を使って実践研究に取り組む教職員は自信をもちにくい。そこで活用したのが，コンサルテーションである。「コンサルテーション」とは，異なる専門性を持つ者同士で行われるコンサルティ（被援助者）が抱えるクライアントの問題を解決するためのコンサルタント（援助者）との関係である（小林，2009）。この研究では，クラス担任（コンサルティ）のクライアントである教育的ニーズのある児童への視点を報告者（コンサルタント）が促し，外国語活動の中でクラスすべての児童が積極的に参加できる授業づくりを支援していくこととした。研究推進者の研究テーマに関し専門性や実践する力が高まってくると，コンサルテーションを通じて研究に取り組む教職員を支援し，自信や意欲を増し，校内研究の実施の手続きを，確かなものにできる。

　コンサルティ自身が，課題を理解し取り組み効果的なコンサルテーションが行えるよう，第4章図4-1のコンサルテーションシートが役立つ。

4 学年の取り組みを全学年へ広げる

1 校内研究を小規模な実践から全学年に展開するために

校内研究への教職員の取り組み意欲を増すために，成人の動機づけモデルである ARCS 動機づけモデルが参考になることをすでに述べた（第 4 章 2 節参照）。注意（A）の側面（やりがいがある），関連性（R）の側面（課題に関連し解決に役立つ），自信（C）の側面（やればできそう），満足度（S）の側面（やってよかった）に配慮した校内研究の提案が必要になる。小規模小学校で，学校適応を促進する心理教育の一手法であるピア・サポートを，1 年目に 2 学年の試行的実施を行い，その結果を検証し全学年に展開した実践例（持丸，2017）を紹介し，ARCS 動機づけモデルを用いて整理を行う。

2 小規模小学校でのピア・サポートの実践研究の紹介

ピア・サポートがすでに高学年で継続されてきた小規模小学校で，その成果と課題のアセスメントをもとに，段階的な校内研究計画を立てた。校長はピア・サポートの推進の経験があり研究推進に意欲的であった。

ピア・サポートとは，仲間による対人関係を利用した支援活動の総称で，「相談活動」「葛藤調停」「仲間づくり」「アシスタント」「学習支援」「指導・助言」「グループリーダー」の 7 つに分類される（西山・山本，2002）。

実践研究の最初に学校の実態分析を行った。各学年で単クラスが多い小規模小学校で，主体的な人間関係形成の必要感が乏しく，中学校進学後対人関係がうまくつくれず学校不適応から不登校になるという課題がみられた。また，「楽しい学校生活をおくるためのアンケート Q-U」（河村，2006）の分析から，高学年ほどには，中学年・低学年の適応感が高くないことが明らかになった。

そこで 1 年目には小学 3 年生と 5 年生に導入し，児童と各クラス担任および校内ピア・サポート推進者を調査対象にした。実施期間は 7 か月で，実践の検証には，学校環境適応感尺度（ASSESS）（栗原・井上，2017）と社会的基本的自尊感情尺度（SOBA-SET）（近藤，2013）や，児童の授業のワークシート，対象クラス担任と推進教員への半構造化面接と校内研修への教職員の感想を用いた。

表 5-1　小規模小学校へのピア・サポートの導入（持丸，2017 をもとに作成）

	3 年生（8 回）	5 年生（10 回）
内容	①聞き方：上手な聞き方 ②聞き方：まじめな話や困った話 ③聞き方：気持ちの理解（感情のとらえかた） ④伝え方：温かい言葉かけ ⑤伝え方：気持ちを伝える ⑥リーダーシップ ⑦メンバーシップ ⑧集会活動（支援報告と振り返り）	①知り合う ②協力する ③気持ちの理解：感情のとらえ方 ④聞き方：気持ちを考え聞く・実践への意欲づけ ⑤聞き方：関わり合う聞き方 ⑥伝え方：伝達の仕方や質問 ⑦人間関係づくり ⑧他の見方や断り方 ⑨意思決定や問題解決への意欲づけ ⑩体験入学へのお世話（支援活動と振り返り）
成果	ASSESS 対人的適応，学習的適応上昇 社会的自尊感情，基本的自尊感情上昇	ASSESS 対人的適応上昇 社会的自尊感情，基本的自尊感情上昇

　職員研修は，8 月と 12 月の 2 回行い，心理教育プログラムの必要性やピア・サポートの目的や内容，進め方について共通理解し，2 回目にはスキルトレーニングの体験活動，実践クラスの児童の様子を紹介した。また，学習の振り返りやスキルに関する掲示物や児童の感想や学習のようすについて掲示を行い全校に紹介した。

　1 年目の実践では報告者がおもな活動の提案を担当し，振り返りをクラス担任が行った。プログラム内容とその結果を表 5-1 に示した。この成果を受け 2 年目には全学年で展開することができた。ピア・サポートの全学年での導入で，対人スキルの向上と侵害行為の減少がみられた。

3　ARCS 動機づけモデルからみる全学年への展開の要因

　この実践では，課題と必要性を明確化し共有することで関連性（R）を示し，管理職の理解と過去の実施経験とプログラムの具体化や，報告者と担任・推進者の実践の役割分担が自信（C）につながった。研修やポスター掲示で，1 年目の成果を共有し「やりがいがありそう」（A）だと，職員全体の動機づけが高まり 2 年目の全校での実施につながった。また，子どもたち自身が友だちの良さに気がつく，考え方に学ぶなどサポート活動に意欲的に取り組んだことは，教師に「やってよかった」という満足感（S）をもたらしたと分析できる。

5 校務分掌の改善への工夫

1 研究に抵抗なく取り組めそうだと思える提案とは

　保護者や地域の方々や関連機関と連携しながら，発達途上にある児童生徒を集団で教える教職員の仕事は，多忙で複雑である。さらに近年増加している児童生徒の学校適応上の課題（いじめ，不登校，校内暴力，特別な支援を必要としている児童生徒の増加など）の解決にも取り組む必要がある。

　多忙な教職員に研究の負担感を感じさせない方法として，既存の校務分掌の見直しと，校内研究のテーマに本来取り組むべき組織の機能化がある。

2 各領域の担当者が協働し推進する学校適応援助体制の段階的構築

　学校には校務分掌とおもな役割が示されているが，児童生徒の学校適応上の課題については，表面に表れる児童生徒の状態で担当が決まることや，管理職や力量のある個人に相談が集中し，学校体制をうまく構築して対応することができない場合がある。児童生徒の状態を，学習面・対人関係面・健康面・キャリア面など多面的にとらえ，病気や発達特性や生育歴，家族環境，教職員や友だちとの対人関係などの実態をアセスメントして，適切な分業に振り分ける，組織的取り組みが必要である。

3 学校適応援助に関する役割の明確化と学校適応援助体制の段階的構築

　校務分掌の改善の工夫を行った井内・西山（2013）の実践を紹介する。井内・西山（2013）は，学校適応に課題のある子どもの支援について，課題を分析し，学力向上，特別支援教育，生徒指導の各側面から，各分掌の担当者へケース支援の主担当を振り分ける体制を整えた。教育的ニーズのある児童のケースを，その課題について最も専門性をもつ教職員が担えるように，校内の主要スタッフによる支援ルートを構築し専門性を生かした援助体制が構築された。

　表5-2にその役割分担を示す。各役割を明確にすることで学年主任が，学校適応の全体を担い，学力向上コーディネーター（以下，Co.），特別支援教育Co.，生徒指導主任，学校適応促進Co.のチームに対して，援助を必要とする児童をつなげていく役割をとるという援助体制が構築できたことが報告された。

表 5-2　学校適応援助にかかわる役割の整理（井内・西山，2013 を一部改変）

学年主任	○校内の相談ルートへ適切につなぐ役割 ○担任の相談や気持ちの受け止め ○それぞれの分野に関する一般的・総合的な知識 ○援助ニーズがある児童について，総合的な情報をもとに，どの人材や組織に相談するのかを判断できる力
学力向上 Co.	○習熟度・課題別学習等，実態に合わせたさまざまな学習形態に関する知識 ○学力分析に基づく効果的な学習形態の計画・提案・推進及び効果検討 ○学力向上委員会の開催と推進 ○特別支援教育委員会の開催と推進 ○援助チームの参加メンバーとしての役割
特別支援教育 Co.	○特別支援教育に関する知識 ○特別支援教育の視点に立ったアセスメント力と担任への助言 ○保護者及び外部専門機関との連携 ○アセスメントに基づく，個別学習の計画・提案・推進及び効果検討 ○援助チームの参加メンバーとしての役割
生徒指導主任	○予防開発的生徒指導についての計画・提案・推進及び効果検討 ○保護者及び外部専門機関との連携 ○生徒指導委員会の開催と推進 ○教育相談の計画・提案・推進及び効果検討 ○援助チームの参加メンバーとしての役割
学校適応促進 Co.	○第 1 次，第 2 次，第 3 次における援助サービスに関する知識 ○援助ニーズのある児童のアセスメント及び深刻さや領域の分類 ○校内学校適応援助体制の査定・改善 ○各 Co. や主任との相互コンサルテーション及びコンサルテーション ○校内学校適応援助体制についての計画・提案・推進及び効果検討 ○保護者及び外部専門機関との連携 ○学校適応委員会の開催と推進 ○管理職との相互コンサルテーション及び管理職への進言 ○チーム援助会議の推進とコーディネート

6 中学校ブロックでの推進組織づくり

1 学校を越えて研究を推進する工夫

　中学校での不登校の急激な増加から，小学校と中学校の連携強化が求められている。子どもにとって学級担任制で全体像を理解してもらえる小学校から，教科担任制の中学校への移行は，引き継ぎや学年団の情報共有が適切でないと自分の全体像を理解してもらえず，ストレスが高まるだろう。また，中学校では，教科の内容も難しくなり，発達的にも思春期の到来や第二次反抗期も重なり，学校適応には複雑な要素が加わる。小中一貫の実践は多くの地域で行われているが，連携の必要性に関し，教職員の意識が乏しいと形だけとなることがある。

　また不登校やいじめなど共通する学校課題の解決のため，教育委員会から効果的と考えられるプログラムが，各学校へトップダウンでおりてくることがある。先行研究や，近隣自治体での先行的モデル実践で効果があっても，その実践効果は学校の実態によることがある。たとえば，あるプログラムの導入の背景には，全教職員が，一致団結して改善に取り組む必要がある必然的な出来事（いじめによる自殺や学級崩壊など）があり，それを受け止めた管理職の明確なビジョンの共有など隠れた要因がある場合も多い。また課題の顕在化は，ゴールの明確化や共有につながり，解決の姿が見えやすく，教職員の自己有能感につながる。つまり，学校ごとに，プログラム導入や研究推進の難易度は異なり，成果の見えやすさも異なる。また，危機が過ぎ去り，中心的な推進者の異動が進むと効果的であった実践も形骸化し効果が実感できず，取り組みが停滞することもある。

　このような学校ごとの実態の違いがあるなか中学校ブロックで推進組織づくりに取り組んだ木村（2018）の実践を紹介して説明する。

2 中学校ブロックでの「K市こどもつながりプログラム」の実践

　木村（2018）は，当該地域の喫緊の課題であるいじめ・不登校の解消にむけ，4小1中の中学校区全体で心理教育プログラムを改善実施し，その効果の検証を目的として2年間の研究を開始した。社会性と情動の学習プログラムの内容

表 5-3　2 年間の中学校校区での系統的プログラムの研究推進（木村，2018）

1 年目　効果検証とボトムアップ	2 年目　トップダウンを加える
系統的カリキュラムの作成と実施 ● いじめ問題解消にむけた学習内容 　（1 中学校 2 年・1 小学校 2・6 年） ● SEL-8S プログラムの実施（1 中学校） **効果の実証** ● いじめ防止の効果・社会性育成の必要性とプログラム改善 **校内研修・広報で全校に広げる** ● 大学研究者の校内研修会の実施， ● 学級活動の時間での実施， ● 通信の発行，掲示物の活用	**中学校ブロック全体での推進** ● 教育委員会からトップダウンで校長の推進者推挙と校区運営会議 　①行政機関からの趣旨説明 　②目的と内容の確認 　③年間予定の提案 　④担当者の仕事内容と会議内容 ● 担当者参画意識の向上 **研修により中学校区全体に広げる** ● 1 中学校全クラスで公開授業実施 ● 校区の全教職員が参観し，授業後の小中合同研修会を実施 ● 中学校区実践通信の発行

を取り入れた「K 市こどもつながりプログラム」は，K 市教育委員会から全小・中学校へ実施の指示がされていた。しかし教育委員会担当者からのヒアリングでは，①取り組みやすくなるように具体化を図ること，②研究推進のため中学校区全体で研究指定を受けること，③小中 9 年間の系統的プログラムにするため内容の見直しの必要性が示された。2 年間の取り組みを表 5-3 にまとめた。

　このように，本来の推進者である教育委員会の把握している課題をヒアリングで明らかにしたうえで，1 年目には，その課題のひとつである系統的カリキュラムの作成と，小規模での効果の実証を行った。また，先進的に取り組んだ中学校がモデルとなり優れた実践ができるように，校内研修や広報を通じて実践レベルを高めた。2 年目には，トップダウンとボトムアップの推進組織を意図的に構築した。具体的には各学校に推進担当者を校長の推挙で任命し，教育委員会として校区運営委員会を開催し，趣旨説明，目的や具体的な内容を確認し，年間の見通しを示した。このことにより，それぞれの責任や役割が明確になり，中学校区一体となっての実践を推進できた。

7 研究推進委員会への組織的コンサルテーション

1 研究推進をともに行う仲間を増やす

校内研究を推進する際，担当者が直面する課題は，研究の価値や意義を理解し，目的意識をもち「ともに研究推進する仲間」を確保することである。

学校の多忙さから，研究推進は抵抗にあうことがある。まず，日常的に学校の教育実践を振り返り組織的に情報を共有する機会がなければ，学校の課題を解決する研究を行うという発想に立てない。たとえ意義や価値がわかっても，年間計画に位置づけられなければ，推進者は孤立無援と感じることさえあるだろう。そのような場合，これを解決する方法には大きく3つある。ひとつは組織を活用したアプローチであり，既存の組織が機能化されていないところを，本来の役割を明確化して機能化していくこと，もうひとつは研修やコンサルテーションを通じて人材育成を行うこと，さらに外部人材の活用である。組織に着目しコンサルテーションを行い，特別活動の推進を行った実践を紹介する。

2 校内研究推進委員会へのコンサルテーションの工夫

特別活動は，学習指導要領に明記されているが，必ずしも熱心に取り組まれている学校ばかりではない（後藤・脇田，2016）。熱心な教員もいるが，教科とちがい，教科書や市販のテストがなく，特別活動について学ぶ機会は少ない。

特別活動には，人間関係を形成する力や社会に参画する力，自己を生かす力などを育成するという，子供達の成長に果たす大きな意義がある。しかし，必要性は認識されていても，すべてのクラスにおいて特別活動への積極的な取り組みが見られるわけではない。そこで，後藤・脇田（2016）は，とくに自発的・自治的活動である学級活動（1）における話し合い活動，いわゆる「学級会」について県内の1小学校の教職員の意識調査を行った。意識調査の結果，当該校の教職員は，特別活動の教育的な意義は理解しているが，どのように具体的に指導すればいいのかがわからないという意見が多かった。そのために学級会への取り組みが消極的になっていることがわかった。

そこで，特別活動の指導計画や授業研修などを充実させ学校の課題を解決することとした。具体的には，校内研究の研究領域に特別活動（1）を導入するこ

とになり，学校組織として，校内研究推進委員会を位置づけ主担当部署として取り組むこととなった。そこに研究推進者が特別活動（1）の専門家として，校内研究推進委員に学級会の学習過程についてのコンサルテーションを行ったり，若年層教職員に対して授業づくりについて間接的に関わったりした。この場合には，研究推進者が「コンサルタント」，そして援助を受ける校内研究推進委員会が「コンサルティ」である。

■3■　コンサルテーションを通じた人材育成の利点

　学校の役割は幅広く，在籍する児童生徒との信頼関係や地域社会の影響を強くうけ複雑である。たとえば，小・中学校の特別支援教育や，特別の教科道徳，小学校での外国語科，プログラミング的な思考力の育成などは，新たに学校教員が取り組むべき内容になった。時代の急速な変化と学術的な研究の進展により各分野の専門的な知識や技術は，急速に高度化している。しかし学校がなすべき業務を削減しないで，高度化に対応することや，すべての教職員がすべての分野での専門的な知識や技能を身につけることは実際には困難である。

　この解決方策として，管理職が中核人材の力量形成のためにミドルリーダーに校務分掌で役割をもたせることや，教育センターや大学院の研修で専門性を高め，校内で相互コンサルテーションができれば，学校が「学びつづける共同体」となりうる。またその際に，今回のように，研究推進委員会という組織に対して，コンサルテーションを行うことができれば，校内研究の意義や価値，その手法などについて複数の教職員の力量が向上する。スーパービジョンのように，職務の熟達者が後輩を教える構造に比較して，コンサルテーションは，専門性を尊重し主体的に相互に学び合える手法ではないかと考える。

表 5-4　スーパービジョンとコンサルテーションのちがい

スーパービジョン	コンサルテーション
スーパーバイザー（専門は同じ管理指導者） ⬇ スーパーバイジー（非熟達者）	コンサルタント　➡　コンサルティ （専門が異なるが，対等の関係）

8 若手教職員や同僚へのコンサルテーション

1 校内研究を推進する共同研究者の力量向上の手法

　授業づくりについて自主的に研修，研鑽する日本の教師は，海外から高く評価されている。学校の授業改善では，ベテラン教師が，若手教職員の授業を指導案審議や実際の授業を見て理論や経験から助言することが多い。この形態の人材育成は，スーパービジョンとよばれ，同じ専門職の上級者が，経験が少ない者を指導する形である。上級者の力量に指導の成果が左右される可能性が大きい。

　近年生徒指導・教育相談・特別支援教育・キャリア教育・学習支援など，学術研究の進展により効果的な指導法が開発された分野がある。グローバル化や情報技術・テクノロジーの進歩，道徳の教科化など，新たな専門性について若手教職員だけでなくベテラン教職員のレベルアップが必要な分野も多い。この場合，それぞれの専門性の強みがある教師が，他の教師にコンサルテーションを行うことで，教職員の専門性の総力を高めることができる。小・中学校で行われた新しい理論に基づく授業改善のコンサルテーションの実践例を紹介する。

2 小学校での UDL ガイドラインの効果の実証と工夫

　算数科は，系統的な教科で，一度つまずくと遅れを取り戻すことが難しく児童生徒にとって苦手な科目となりやすい。ユニバーサルデザインの授業づくりの研究を推進した千々和・納富（2012；2013）は，小学校算数科で UDL ガイドラインの授業の効果の検証と段階的なコンサルテーションによる若手教職員の授業改善を行った。1 年目の試行段階では，算数科の授業で，自らガイドラインを取り入れた授業の効果を検証し，授業の実際を，校内研修で共有した。また学級経営や算数科の授業づくりに悩んでいた若手教師に，学級経営，基本的な授業づくりの基本，UDL の授業づくりと，段階を追って助言を行い，授業づくりを支援し各段階で，児童の授業の理解度の高まりを細かくフィードバックした。最終的に「クラス全員がわかりやすい授業づくりをしたい」と若手教員の動機づけが高まり，UDL の授業づくりに取り組み学力向上につながった。

3 ベテランや若手など多様な同僚へのコンサルテーションの工夫

　中学校は教科担任制で教師が教科の専門家であるという自負から，校内研究

として全教科を通じての授業改善に取り組むことは難しい。また，全校で校内研究に取り組む際には，目上の教師へ提案する必要があり戸惑うことも多い。

　小規模中学校での内田（2016）の研究では，1 年目の試行段階で，国語科で若年層教員の授業改善コンサルテーションを行い，校内研修として自らがUDL ガイドラインを参考にした国語科説明的文章の提案授業を行った。授業公開を含む校内研修会には，管理職を含むほぼ全教師が参加し授業後ワークショップ形式で検討が行われた。その成果をニュースレターで広報した。若年層教員の授業力向上については自己評価の向上だけでなく管理職から以下のような肯定的評価が得られた（内田・納富，2015）。

- 授業の捉え方と授業づくり（授業に対する基本的な考え方や姿勢の変化）
- テスト・ワークシート・生徒記述（ねらいと評価の観点が明確になった）
- ICT 活用（なぜここで ICT を使うのかという目的がはっきりとわかる使い方）
- 自分の授業を客観視できるようになった
- 生徒への見方・接し方がかわった

　これらの成果をうけ 2 年目には，UDL ガイドラインを活用した授業改善が主題研究となった。研究推進者は，研究主任を補佐し，同僚教師の授業に T2として協力し，同僚が行っていた授業の工夫を，授業後 UDL ガイドラインをもとに価値づけた。さらにその工夫を写真に撮影し，学校全体にニュースレターで広げた。理論や研究をもとに，授業を価値づける活動は同僚教師の動機づけを高め，主体的に校内研究に取り組む学び続ける教師集団が形成された。

　2 つの実践からわかるように，研究推進者によるモデルとなる実践で効果を明らかにし，校内への広がりをもたらすコンサルテーションにより，「教職員の小さな成功体験」や「新たな試みによる子どもの変容の可視化」を通じ，教師集団の興味や関心と意欲が高まっていく。また，先輩教職員から多様な助言を受けやすい若手教職員にとって，学術的にも根拠があり，校内で効果が確認できた実践を含む校内研究への協力は，自分自身の授業の振り返りと具体的な授業改善に焦点化でき，確実な成長につながるだろう。

9 研究推進だより（ニュースレター）の活用

1 校内研究への参画をうながす研究推進だより

　校内研究は，学校の課題を解決し，学校が果たすべき機能を向上させるためのものである。つまり校内研究は，そのプロセスを通じて教職員の知識・技能や資質の向上に関わる学びの機会ともなる。したがって，全教職員が校内研究の意義を理解し参画の意欲を高めることは重要である。このために研修だよりが活用できる。

　効果的な研究推進だよりの作成には，成人学習の学習意欲に関するARCS動機づけモデル（注意，関連，自信，満足感）が実用的で参考になる（第4章2参照）。研究推進だより作成に関して，動機づけの観点からどのように工夫できるかを紹介する。

2 研究推進だよりの具体的な工夫のポイント

　ARCS動機づけモデルの「注意」の側面からは，研究推進だよりには，教職員の興味・関心を引く工夫が必要である。まずは，読んでみようという気持ちになってもらうことが必要である。そのためには，タイトルを目立つデザインにしたり，協力者や取り組んでいる子供たちの写真を入れたり，構成に一定のパターンを作り，効率よく情報を読み取れるようにする工夫が必要である。

　「関連性」についていえば，各教職員の職務や直面する課題の解決にどのように研究が関連しているか，研究の意味や意義が理解できれば動機づけが高まる。また，この校内研究で取り組むことが何であり，「何のためにこれを行うのか」という目的やゴールや価値を伝えるだけでなく，やりがいが感じられ，そのプロセスを楽しめるよう，親しみを感じることができるように作成することも大切である。

　「自信」に関しては，試行的な実践のモデルづくりを行い，具体的な手続きや手法を示し，試行錯誤の末，小さくても成功体験がもてて，自分なりの工夫をしたからだと思えれば，「やればできる」と自信がつく。計画の見通しがもててゴールが具体的であれば，参加する教職員も安心できる。

　実践のプロセスのなかで，校内研究という「学び」を振り返り，「やってよ

86

かった」という経験につながれば,「満足感」が得られる。実際に役立ったという経験や仲間から認められるとさらに満足感は高まるであろう。このような,ARCS 動機づけモデルの観点を取り入れて研究推進だよりを作ることが重要である。その具体的な例を示す。

3　学級活動（1）を校内研究で推進する小学校での意識向上を図る実践

　池上・脇田（2018），池上（2019）の実践研究では,学級活動（1）の取り組みに対する教職員の意識の向上のために,教師アンケートによる教師の実態把握と研修だよりの定期的発行により教職員の参画意欲の向上に努めた。

　まず,教師にアンケートを行い学級活動（1）に関する意識の調査を行った。学級活動と授業実践の振り返りをもとに,教師の頑張りや児童の良さを伝えたり,課題の共有化や今後の研修計画の伝達,研究協力の依頼を行ったりした。

　さらに,これらの内容のわかりやすい伝達だけでなく,推進委員会での協議を経て,管理職の承認や助言を得ながら,多忙な教職員の目にとまるかたちで,校内研究開始時点から,定期的に研修だよりという形で,目的や計画,そして進捗状態,研究協力に対する感謝の気持ちを伝え,職員全員の研究への参加意欲を高め維持することができた。

　たとえ,教職員全員に研究全体を理解してもらえない場合にも,効果のある実践事例の経験を身近に報告することを粘り強くつづけることで,多くの場合,理解者や協力者が増え,学校全体での研究推進につながる。これは,前ページの 1 に示した,協力者の満足感に加え,校内研究の成果が,根拠を持って提供されていったからではないかと思える。

✏ **ワーク　5-3**

61 ページの研修だよりを ARCS 動機づけモデルで分析してみよう。

注　意	
関連性	
自　信	
満足感	

10 校内研修の工夫

1 校内研修とは

　校内研修は，校内で実施する教職員の資質・能力の向上を目的とした研修会である。教育公務員には，職務遂行のために研修に努めることが求められている。新しい社会の求めに応じて学校が機能するためには，教師は学びつづける必要があるからだ。たとえば新しい学習指導要領に示された，主体的・対話的で深い学びを実現するための授業改善に向けた，授業準備や評価方法の開発などの研修や，専門職と協働し多様な児童生徒の実態や保護者の求めに応じることができる，チーム学校への変革につながるような校内研修も必要であろう。

2 校内研修を阻む壁と外部からのサポート

　元中学校校長の稲葉（2017）は，校内研修がうまくいかない要因を，時間の確保，研修は嫌だという教師の想い，授業公開への嫌悪と分析し，小学校では「クラスの壁」中学校では「教科の壁」があるとしている。しかし，校内研修には，学校の理想と課題の共有，同僚性の構築，「教育の専門家」として成長する場という価値があるとしている。校内研修を機能化して本来の目的を達成するには何が必要だろう。

　文部科学省や教職員支援機構は，研修のモデルカリキュラムや研修のための動画や配布資料をホームページで公開している。各地方自治体の教育センターをはじめとする教育委員会なども校内研修のサポートに役立つ動画や資料を公開している。このように外部からのテクノロジー等を活用した校内研修へのサポートは充実してきている。また，教育委員会や外部の専門家を学校に招聘して，全職員の専門性を向上させる研修もある。しかし，それぞれ異なる学校状況や教職員の実態に合わせ教職員研修を機能化していくことが必要である。これには，学校の問題解決を目的に，効果的に研修会を企画・準備し提供できる推進者が必要である。学校課題を分析して校内研修を OJT（on the job training）と組み合わせ，2段階方式で校内研修体制づくりを行った実践を紹介する。

3 中学校での教育相談担当者養成のための校内研修システムの構築

　矢野（2016）は，いじめへの対応を契機に人間関係づくりを重点項目として

いじめや不登校が減少しつつある中学校で研究を行った。当該校は各種のアンケート調査で生徒の実態を把握し，生徒指導委員会を中心として校内及び校外の関係者と連携し，チームによる援助を取り入れた体制作りに努めていた。しかし，この体制の継続には，体制の推進リーダーなどの配置，活用方法の共有，確認の場や全職員の力量向上のための研修が必要となる。そこで，教育相談担当者の力量を確実に上げ職能成長につながるよう OJT により推進役の教職員の養成研修を行い，彼らが次の段階では全教職員に研修を行うという 2 段階からなる階層性のある研修を構築して実践し効果を検証した。

　まず，教育相談担当者に必須の力量の要素を先行研究から検討し，多忙な中学校でも研修が行えるように教育相談のスキル分析を行った。その内容を表に示す。

表 5-5　教育相談担当者の必須の力量

生徒指導主事プログラム（長江，2010）	米国 SC 養成プログラム（西山，2012）
①学校内情報共有機能 ②専門家との連携機能 ③情報集約機能 ④生徒・保護者への情報発信機能	①チームワークをリードする力量 ②コンサルテーションの力量 ③保護者と協働する力量， ④生徒の発達的観点のニーズを把握する力量

　具体的には第 1 段階で，各学年の生徒指導・教育相談リーダーがリーダー養成研修を受け，そのうえで第 2 段階として担当者が生徒・保護者への支援を直接担うクラス担任教職員への研修を OJT 方式で行い，双方の教育相談の力量を向上させることを意図した。力量向上の検証には，半構造化面接を用いた。その結果，8 名のリーダーは，研修へのモチベーションの向上がみられた。まず，2 か月後には，新たな視点や知識が得られ，5 か月後には，周囲からの承認や，自己成長への気づきがみられた。10 か月後には，自己課題の明確化，自己効力感，体制改善への関心へとつながった。この 2 段階の研修の工夫は，対照群となった他校と比較して，教育相談の定着や個人的効力感に効果があることが明らかになった。

第 6 章

実践の結果を記録する

　第6章では，学校の教育課題に，研究デザイン・研究計画に基づいて取り組んだ実践研究において，経過の記録と結果の効果的な収集から提示の方法までの内容について考える。校内研究を適切に計画し，対象となる実践を行ったことで，成果が上がったか，課題は何かを振り返るためには，それに至る経過と結果を記録しておくことが重要な役割を果たす。校内研究の効果を教職員で共有し，成果を分かち合うためにも，経過と結果を示すための適切な情報の収集のあり方について検討する。

 1. 結果の分析：多様な結果
 2. 結果の分析：集合的結果
 3. 結果の分析：個別的結果
 4. インタビュー
 5. 統計処理の選択
 6. 結果の表示：表・グラフ・図
 7. 実践経過・結果の記述：記述の内容（分厚い記述）
 8. 実践結果の記述：経過の記録
 9. 実践結果の記述：文章のつづり方
10. 設定された目標への到達度
11. 目標外の意外な結果の記述

1 結果の分析 | 多様な結果

　結果は研究が終わってから記述するが，計画した時点で，取り組みの成果を示す方法を考えておくと，まとめに役立つ経過をもらさず集約できる。

1 校内研究における「結果」を何でとらえるか

　校内研究での結果とは，学校の教育課題の解決を目的とした研究で，計画に沿って取り組みを行って起きた変化をいう。以前からの変化（時期の比較），他との違い（未実施群との比較）などを客観的に把握し示すのである。

　学校にはさまざまな情報がある（例：出・欠席日数，遅刻・早退の時数，いじめ発生件数，給食の残食量）。そこから目的に合う結果を示すであろう資料を，計画時に考えておきたい。たとえば，学校適応感の変化の把握に出席日数は有効だが，主体性の向上は出席日数だけでは測れないため，資料を厳選したり，複数の資料を組み合わせたりする。次の例は意図的な収集が必要な情報である。

　　①不登校予防の成果：30日以上欠席の児童生徒数・出席した授業時数
　　②チーム援助会議の効果：会議の記録・逐語録・参加者の役割や評価など
　　③学校適応の促進：子どもの適応感や不安などを測るアンケート（質問紙）

2 結果をどのようにとらえるか―成果や課題を示す質的情報・量的情報

　教育実践での効果確認の資料（第1章）と同じく，結果にも量的情報と質的情報がある。これらを研究目的に沿って選び，結果を示す資料とする（表6-1）。結果を把握するためによく用いられるアンケートも，多肢選択式と記述式の設問があり，対象人数やまとめ方で質的情報と量的情報から適切なものを選ぶ。

　加えて研究の結果には，詳細な記録が欠かせない。前述の通り「誰に対して

表6-1　結果を示すデータ例

	量的結果を示すデータ例	質的結果を示すデータ例
具体例	●「いじめ防止アンケート」 ●「こころの健康調査」 ●出席日数・遅刻時数・保健室利用回数 ●窓ガラスの修理枚数 ●チーム援助会議における発話回数 ●いじめ発生件数	●アンケート調査での選択・自由記述 ●児童生徒/教職員/保護者インタビューメモ ●児童生徒/教職員/保護者インタビュー逐語録 ●児童生徒との面接（相談）記録 ●チーム援助会議などの議事録 ●チーム援助シートの書き込み

表6-2　結果を示す資料における量的情報・質的情報

1次資料例	2次資料：質的情報〔分析方法〕	2次資料：量的情報〔分析方法〕
音声記録・文字記録・映像記録・観察メモ	逐語録・課題に沿った内容の類別・板書指示内容	参加者別発言文字数・発言回数 参加者立席回数
データアクセス記録 アンケート（質問紙）	学習内容別	時間帯によるアクセス件数

何が行われ，どのような途中経過を経て，どのようになったか」が重要であるが，子どもなど支援対象の変化だけでなく，途中経過における環境（人や出来事）を記録する。それらの関係を検討すると，変化が客観的にとらえられ，成果や課題を検討しやすくなる。

3　結果：量的・質的資料

　チーム援助会議の効果（前述の②）を例に考えてみよう。会議が適切に実施されたかを把握するには，会議ですべての参加者の発言を検討する。会議の議事録や逐語記録（音声記録），観察記録のメモもデータになる（表6-2）。これが1次資料である。これらを集めただけでは特徴がつかめない。そこで検討や分析を容易にするため，とらえやすい形に変える。参加者の発言を発話の件数や文字数，内容の類別などでとらえてはどうだろう。推進担当者が取り組んだチーム援助会議の分析方法が具体的になり，多角的な実態把握が可能になる。結果をとらえるには実施前の状態を把握し，比較することも効果的である。

　また，ウェブ学習で，学習面から学校適応感の向上を目指した実践研究の例では，データアクセス記録は1次資料である。それを整理して示すと分析しやすくなる。結果では，変化を客観的に説明しやすい形にすることが重要である。

✎ ワーク 6-1

　あなたが考える校内（実践）研究テーマの成果を示す指標は何だろうか。

2 結果の分析 ▌集合的結果

1　多数を対象に行われた調査からなるデータ

　研究では質問紙により，全体の傾向を量的にとらえることもある。表 6-3 は，ある学校での規範行動自己評定（小・中学生用。個人が遵守すべき行動・対人間で遵守すべき行動・対人間で望ましい行動の下位項目からなる 15 問の質問紙：山田・小泉・中山・宮原，2013）の結果である。各生徒に通し番号を振り，氏名・性別はカテゴリデータとして，結果の数字と対応づけ（コーディング）をしている。4 件法（1 ～ 4 の多肢選択式）で，各設問は項目ごとに回答の数字が入力される。数字は変数とよばれ，ロー（素）データの主要部分をなす。

表 6-3　規範行動自己評定尺度（中学 1 年生）

①4月

問	1	2	3	4	5	6	7	8	9	10	11	12	13	14	15	
生徒1	3	3	3	3	3	3	3	2	3	3	2	2	3	3	2	2.80
2	3	4	3	4	3	3	3	4	3	4	3	3	4	4	3	3.40
3	2	4	2	3	4	3	3	3	4	4	4	3	3	3	2	3.20
4	3	3	4	4	3	4	2	3	3	3	3	3	2	3	3	3.13
5	3	4	4	3	3	3	3	3	3	3	4	3	3	2	3	3.20
⋮	⋮	⋮	⋮	⋮	⋮	⋮	⋮	⋮	⋮	⋮	⋮	⋮	⋮	⋮	⋮	
39	3	4	3	4	3	3	4	3	3	4	3	3	3	4	3	3.47
40	3	3	4	3	3	3	4	3	3	3	4	2	3	3	3	3.33
	2.86	3.57	3.29	3.43	3.14	3.14	3.43	3.00	3.71	3.14	3.00	2.86	3.29	3.14	3.29	3.22

②10月

問	1	2	3	4	5	6	7	8	9	10	11	12	13	14	15	
1	4	3	3	3	3	4	3	3	3	3	3	3	3	3	3	3.13
2	3	4	3	4	3	4	3	4	4	2	4	3	3	4	3	3.53
3	3	3	3	3	3	4	3	3	3	2	3	3	2	3	3	2.87
4	3	3	4	4	3	3	3	3	3	3	2	3	3	3	3	3.07
5	3	3	3	3	3	3	3	3	2	2	3	2	2	3	3	2.93
⋮	⋮	⋮	⋮	⋮	⋮	⋮	⋮	⋮	⋮	⋮	⋮	⋮	⋮	⋮	⋮	
39	3	4	3	3	4	3	3	4	3	3	3	3	3	3	3	3.33
40	3	3	3	3	4	3	3	4	3	3	3	3	3	3	3	3.33
	3.57	3.14	3.14	3.29	3.14	2.86	3.57	3.00	3.29	3.29	3.29	2.57	3.14	3.14	3.14	3.17

2　多くの変数からなるデータの整理—記述統計

　質問紙調査では多くの数値が集積されるが，個々の設問だけでは全体の変化はつかめないため，数値を要約する（記述統計）。

　質問紙で得られた数値による結果は，およそ以下の情報にまとめられる。

- データ数・種類：どんなカテゴリーで整理された情報がどの程度あるか。
- 度数分布：ある変量の値の大小で並べ，同じものの発現頻度をみる。
- 平均値：データを要約した値。データ総和を総数で割る。結果比較に用いる。
- 分散：データの平均値からの距離。低い分散ほど平均値の信頼性が高い。
- 標準偏差（SD）：データや確率変数の散らばりの度合。分散の平方根で示す。

この情報が記述統計の要素である。記述統計はデータ群の目録ともいえる。要約に多用される平均値も，分散が大きい場合は代表値として適切ではない。

質問紙への生徒の回答を，2回の実施の自己評定の全体平均（表6-3 ①②）を比べると，3.22から3.17に下降した。しかし全体では多様な情報が含まれ，細かな検討が十分に行えない一方，全体的に下降するなか，個々の設問，問1，7，10，11の平均は4月より増加した。こうした例外を検討する方法もある。

3　集団での変化をとらえるため，平均の差を比較する

　全数調査が難しい単位での集合的結果には「推測統計」で結果を予測する。差の比較には，統計的に「差がある（有意差）」といえるかを検定し推測する。検討対象が1集団であれば，その平均の差は「t検定」で比較できる。検定には，信頼できるデータが一定数以上集まることが必要である。

　統計用ソフトウェアなどで結果を示すと，t値が示され，t値をp値に変換する。p値とは「偶然，t値が大きくなり，差があるように見えてしまう確率」である。このp値が0.05を下回れば，偶然である可能性が小さく，t値は十分大きいとみなす。p値< 0.05で「有意差あり」とし，p値がそれを上回る場合，差が有意でないと判断する。p値< 0.1では「有意な傾向」とする場合もある。t値とp値については以下参照。

- t値：比較するデータに意味がある差があるかを示す値
- p値（有意確率）：得られたデータの希少性を示す値

4　差を詳細に検討する

　規範行動自己評定尺度の下位項目の対人的規範向上・対人的規範順守・個人的規範順守に着目する。事前の平均（表6-4列①）と事後の平均（表6-4列③）の比較では，対人的規範向上は下降している。全体平均の比較では，規範行動自己評定尺度の下位項目が示す特徴を相殺してしまうが，下位項目ごとで比較したり，各設問で比較したりすることで結果を特徴づけられる。そして各尺度の結果を上位・中位・下位と分けて相互に比較して，特徴をつかむこともできる。

表6-4　規範行動自己評定尺度（1学年）

	事前	SD	事後	SD	t	df	p	有意差
対人的規範向上	3.43	0.38	3.23	0.39	22	3.317	0.003	＊＊＊
対人的規範遵守	3.37	0.43	3.33	0.37	22	0.839	0.411	n.s.
個人的規範遵守	3.48	0.40	3.46	0.34	22	0.346	0.732	n.s.
列	①	②	③	④	⑤	⑥	⑦	⑧

3 結果の分析 ┃ 個別的結果

　個別的な結果とは，最小単位で現れる変化や内容である。校内研究などで行われた実践の結果を，個別にみる方法を考える。

```
児童生徒の個別の変容の例
　● 授業時間の立ち歩き回数　　　● 授業での課題（宿題）の提出状況
　● 他者の発言を遮って話した回数　● 忘れものの件数
```

1　個々のデータ

　校内研究で，典型的な子どもの傾向や変化の特徴を科学的に把握するには，その対象全体や子どもたちの一定数以上を対象に集合的にとらえるとよいが，個別的結果のほうが変容を的確に示せることがある。次の例で考えてみよう。

① 全体像をとらえる場合

　典型的特徴を把握するには，学級・学年などの単位で全体の結果をまとめる。例：外国語活動への興味の変化を，学級全体の児童の質問紙の結果からみる。

② 特別な個人をとらえる場合

　典型例に合致しない対象への対応効果の把握には，個別の結果を詳細にみる。例：Q-Uアンケート（河村，2006）で，支援対象児の適応状態を把握する。

2　個別的結果の取り方

　「自尊感情」「学校適応感」などの変化・改善や社会的スキルの向上は，質問紙や適切・不適切な行動の発現件数などで把握する。とくに個別的な結果として児童生徒個人の変化に着目する意義は，取り組みが多様な児童生徒に効果があったか，計画した支援が隅々に届いたかを検討することである。

　たとえば，子どもの主体的行動を育むための「ピア・サポート」の研究（松永，2017）では，全体の成果は学年で学校環境適応感尺度ASSESS（質問紙：栗原・井上，2010）により，結果の集合的な分析が行われた。そして，全児童への結果を把握するとともに，あらかじめ学級担任と協議し，各学級から複数選んでおいた気になる児童の変容を個別に確認し効果を検討した。集団のなか

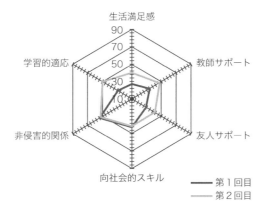

図 6-1　個別的結果の把握例
このようにアンケート結果や発言件数等をグラフにあらわすことで
課題内容の変化・改善，スキル向上をより把握しやすくなる。

の個人に目を向ける際や，客観視するのが難しい発達段階の子どもの変容は，
教師評定なども活用してとらえたい。

3　組織単位の個別的結果：個人レベル以外の成果の記述

　校内研究で，学校がどのように変化したか学校全体を組織的にとらえること
もできる。教職員集団を集合的にとらえることとともに，学校全体が立てた方
針・計画などに着目し検討する。また中学校ブロックなど，学校の枠を超えた
集団でも，個別事例から汎化できる知見を得ることができる。
例：学校や学年など組織単位の取り組み経過を事例として記述する。

✏ ワーク 6-2

以下の例は①集合的結果，②個別的結果をどのように用いて示すとよいだ
ろうか。
ケースＡ：学力向上に取り組む学校で，全ての子どもに学びの成果が上が
るよう，視覚的支援や見通しの提示を伴う教育援助を行った。
ケースＢ：別室登校の生徒８名の学校適応感の向上にむけ，ソーシャルス
キルトレーニング（SST）を行った結果をとらえたい。

4 インタビュー

1 さまざまに活用されるインタビュー

インタビュー（面接）は，研究結果の把握のために利用される一方，治療的に行われる心理的支援や，進路選択などの相談でも活用される。本節では，研究の進捗状況や成果を把握するための聞き取りに限定する。

2 校内研究等で活用されるインタビューの種類

調査目的のインタビューは 3 つに大別できる（表 6-5）。自由（非構造化）面接は，質問項目をあらかじめ決めず相手の反応により，自由に聞く。多面的・全体的なデータを収集し，仮説を立てる際などに用いられる。構造化面接とは，あらかじめ立てた仮説に沿って事前に質問項目を定め，仮説の妥当性を検討するために行われる。半構造化面接では，仮説を立て質問項目を決めるが，応答を深める質問を行い，広範に情報を収集する。

3 半構造化面接によるインタビュー

構造化面接・半構造化面接ともに，目的を確認し面接の柱を立てておきたい。多く用いられる半構造化面接の例として，次の 2 例（表 6-6，表 6-7）を示す。1 例目（表 6-6）は研究の早い段階でニーズ調査のために行われた。2 例目（表 6-7）は，チームによる実践研究の成果検討で，関係者が得た印象を尋ねた。各質問の項目が妥当か，事前に共同で研究に取り組む教職員や連携協力の得られる専門家からの助言を得て，調整するとよい。多忙な教職員の協力を得るために，紙面に項目を印刷しておくと回答を得やすい。

4 インタビュー実施に向けた配慮事項

面接では，当事者の心的負担への配慮と，それに関わる手続きが必要である。調査の一環でも，回答者が過去の苦痛を思い出したり，ネガティブな感情が起きたりする可能性がある。そのため，面接対象者には次の確認が必須である。

①面接目的：対象者は調査協力者とされ，面接は実践の情報収集である。

②任意性：調査への協力は強制的なものではなく，任意である。

③中断の自由：面接途中で中断したり，研究成果への反映をやめたりできる。

④保護者の同意：未成年の回答者の場合は，保護者の承諾を得る必要がある。

表 6-5　結果の情報収集に用いるインタビュー

面接の種類	特徴	使用場面
自由（非構造化）面接	テーマやキーワードのみを前提にまったく方向性を定めず問う質問	結果の範囲に制限をくわえず聞き取りをする必要がある場合
構造化面接	仮説に沿って質問項目が厳密に決められている。質問は追加しない	仮説の妥当性検証のため恣意性を排除したデータ収集を目的とする
半構造化面接	質問項目が決められており，明確にしたい箇所には質問を付加する	仮説の成果や課題などを広く多様に収集することを目的とする

表 6-6　一般教員の教育相談研修に関するニーズ調査（矢野，2015）

1）今までに生徒からの相談を受けて困ったことを教えてください
2）今までに保護者からの相談を受けて困ったことを教えてください
3）今までに保護者への対応で難しかったことを教えてください
4）生徒指導・教育相談に関してあなたの強みと弱みを教えてください

表 6-7　チーム援助 参画教員の成果に関する調査（香田・西山，2010）

1）チーム援助会議について，よかったこと・困ったことを教えてください
2）援助ツールについて，よかったこと・困ったことを教えてください
3）関係機関の参加について，よかったこと・困ったことを教えてください
4）チームで関わることについて，よかったこと・困ったことを教えてください

5　インタビューの際のさらなる倫理的手続き

　心的負担をともなう可能性がある面接では，心理支援の専門家に面接の方法・環境・質問項目などを相談し，問題対応の体制を備えるとよい。教育活動で授業の一環として感想や印象を聞き取る場合などはこの限りではないが，管理職と確認しておきたい。また，近年，個人情報の扱いや研究倫理に関する基準が厳密になり，実践研究の早い段階で研究機関等の倫理審査を経る必要がある。

✐ ワーク 6-3

以下の聞き取り調査では，構造化面接・半構造化面接・自由面接のうち，どの面接が効果的だろうか？　また，事前の承諾が必要だろうか？
①中学 1 年生に「今学期を終えた感想」をスクール・カウンセラーが聞く
②小学生に「クラス会議」の手法を実施した感想をクラス担任が聞く

5 統計処理の選択

　実証的な効果の説明は，エビデンスに基づいた校内研究の成果検討において重要であり，現代の教育改革の重要な要素とされている（三菱総合研究所，2018）。そこで有効なのが統計である。実践から説得力のある成果を見いだすため，統計によって児童生徒の変化などを適切に要約する方法について検討しよう。

1　前より変化があったか

　数値の差を検討する際，その差が意味のある差かまたは誤差の範囲かを明らかにするために必要な確認を「有意差検定」という。1つの群の時期の比較や，独立した2群（別集団など）の平均を比べるには，「t 検定」を行う。

　特徴の近いA・B小学校で，同学年を比較する場合，両校は互いに影響を及ぼさない関係にある（独立した群）といえる。さらに変化の比較を行うには，「分散分析」とよばれる検討方法を考える。

2　事前と事後の変化の量は有意に大きいか—時期の比較

　何らかの取り組みの前後で変化を測ることは多い。この差の意味として，0.01ポイントの差は，変化したといえるだろうか。調査をした人数をふまえた差を時期で比較した結果が図 6-2 である。群＝1では有意な伸びがあったといえる。

3　実践群の値は，対象群の値より有意に大きいか—群の比較

　A校とB校の2年生という2群での差が有意かどうかを確認する際も有意差検定を用いる。しかしある時点での差のみの比較では，両群の本来の差が反映された可能性を排除できないため，2つの集団の差を比較することも多い。

4　変化量は未実施の集団の変化の量より大きいか—群×時期の比較

　校内研究に取り組んだ集団（実践群）と，ほぼ等質で実践していない集団（協力群）との間で，時期による変化がどのように異なるかを検討すると（図 6-3），その集団国有の性質などの影響を受けにくく，より純粋に取り組みの成果を確認することができる。

5　比較をする際の配慮事項と工夫

　取り組みの効果をとらえるには，子どもの変化を本人の行動や教師評価から

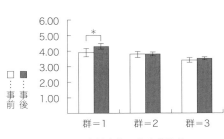

図 6-2　事前事後の有意差比較

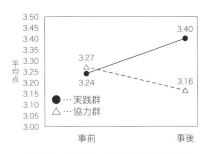

図 6-3　2 集団での時期と群を比較

検証することが多い。比較対象を適切に定め，注意深く検討したい。

① 実践群の決定：取り組みの対象となる集団への，同時期の実践が困難な場合は開始時期をずらして，同じ実践を後で行うことも考えられる。

② 対照群の決定：ほぼ等質の集団の協力があれば対照群を設けるとよい。学級数が多ければ，同学年で実践群と対照群を設定することもできる。

③ 公平性の担保：同じ学校・学年内に実践している学級とそうでない学級があることは，なるべく避けたい。さまざまな状況を勘案した柔軟な計画も必要である。

✎ ワーク 6-4

A 町 B 小学校（全校 800 名）4 年生（4 学級）での取り組みの成果を検証したい。町内には他に 2 小学校があるが，いずれも各学年単学級の小規模校である。この場合の成果検証の方法を考えてみよう。

6 結果の表示 ┃ 表・グラフ・図

1 結果を表示する表・グラフ

　実践研究の結果を示す方法は多様であり，それらを適切に選択し，明快に示さなければならない。校内研究を報告書や教育論文にまとめる際，全体的には文章でつづられる。しかし，多くの要素からなる研究結果を正確に表現するのに，文章だけでは不十分な場合もある。その際，表・グラフ・図を活用すれば，研究を効果的かつわかりやすく読み手に伝えられる。

　表とは，数字や文字と仕切りの線のみで何らかの情報整理がなされるものをいう。数字・文字のみで示せるものは表を用いる。一方，図とは矢印や折れ線，図形を使用した，模式図・関係図・フロー図などをいう。また，グラフとは数値だけで表せない情報を可視化するために使われ，図に含まれる。グラフは，データの分布・変化・内訳・比較に有効であるが，数値の把握は表の方が明確であり，使い分けが必要である。

2 表の作成（文字による結果の表示）

　研究の結果を示す際，表・グラフ・図は様々な情報を整理して表記できる。文章では説明が煩雑になるところを，図表で視覚的に説得力のあるものにできる（表 6-1，6-2 参照）。

　研究結果を表で記すにあたり，いくつかのルールを押さえておきたい。

①表には，上に通し番号とタイトルを記す（例：表 1 または Table 1）。

②番号は，全体で通し番号にするか，章で通し番号を用いる（例：表 1-1）。

③数字は小数点以下の桁数をそろえる（例：小数点以下第 2 位まで表記）。

　　例：集団効力感平均　　4.03　　3.20　　3.80　　3.90

④ 1 に満たない数値は，最初の 0 を省略することが多い（例：「.05」）。

⑤割り切れた数字も 0 を加え桁数を揃え，小数点の位置を基準として記載する。

⑥最上部と最下部の線を太線で書き，それ以外は細線で書くことが多い。

3 グラフ・図の作成

　実践研究の記述で，グラフ・図を効果的に活用することは，正確な表示に有効である。研究の前半では，研究構想図など研究の目的を補足説明したり，研

究デザインを示したりする際に使われる。教育論文や各学会における実践研究誌など，研究論文の提出先により用い方も異なるため，個別の確認が必要である。

　そして結果の記述では，研究成果をグラフなどで示したり，さらには研究で見いだされた効果的な取り組みのモデル図を考察などで示したりする際に用いられる。

①図・グラフでは下に通し番号とタイトルを記す（例：図1またはFigure 1）。

②番号は全体の通し番号にするか，章ごとで通し番号を用いる（例：図1-1）。

③表と図・グラフの番号は別にする。

④図・グラフは黒一色で書く。論文の印刷や事後のコピーで色分けした部分の情報が伝わらなくなるのを避けるためである。

⑤グラフ内に複数の線を使う場合，色分けせず，破線と実線などを使い分ける。

⑥統計ソフトなどで作成されるグラフを用いるときは，縦・横軸のラベル，縦軸の数値の単位など，必要な情報を忘れずに記入する。

　これらの表と図・グラフを適切に使い分けて，わかりやすい資料提示を行う。

　実践結果を記録するには，相手にその内容をいかに明快に伝えるかが最も重要である。文章や口頭など言葉を用いた説明だけでは，納得を得ることが難しい場合でも，効果的に選択された表・図・グラフにより，説得力が高められる。

✏ ワーク 6-5

以下の項目について，図・表をどのように使って表記すればよいだろうか。

①児童の日ごとの離席頻度の推移（数字を示した表・折れ線グラフ・棒グラフ）

②生徒の研修前後の自己効力感の差の比較（数字を示した表・折れ線グラフ）

7 実践経過・結果の記述｜記述の内容（分厚い記述）

　結果の記述には，結果のデータを示すだけでなく実践プロセスの記録や量的・質的な情報を適切に選び示す必要がある。校内研究で，実践の設定・環境・焦点・背景状況が示されて初めて，結果のもつ意味が正確に読み手に伝わる。

1　経過・結果として記録すべきもの

　学校は，地域の特徴や歴史を反映し，多様である。そこでの校内研究の実践を，誰が読んでもわかるように記録することは，後の教育実践に役立つ資源にもなる。そのためにはまず枠組みを設け，実践研究の記録を収集・整理する。表6-8は学校適応援助を担うコーディネーターを中心に行われた実践記録である。チーム援助会議の経過集約には，

①誰　が：誰が実践に関わったか（校内の管理職や児童支援担当）

②誰　に：誰を対象になされたものか（不適応傾向の児童）

③何　を：どんな活動だったか（不適応状況の児童へのチームによる支援）

④どこで：どのような場所・場面で実践されたか（校内の会議室・放課後）

⑤い　つ：実践はいつ行われたか（会議や支援が行われた日時・回数・時間）

⑥な　ぜ：どんなわけで実践がなされたか（課題の整理と役割分担）

⑦どのように：どんな方法で実践がなされたか（チーム援助会議）

が含まれるこの例では，5回の会議の記録，子どもの行動の観察記録，学習の進捗などの結果が集約されている。そうした記録があって初めて，確実で根拠をともなう表や報告書を作成することができる。

2　校内研究における取り組み内容の記述

　校内研究の記録は，計画に基づいて実施し得られた「結果・図表・図表の説明・図表の読み取り・統計的な検討の結果」であり，目的・方法として記述したことと整合性のある内容である。校内で相互理解のもとで実施された研究を読むのは，近隣校の教職員かもしれないが，まったく異なる地域の学校関係者や，教員未経験者かもしれない。校内研究の計画を立てたときに，目標としたことを柱として，5W1Hなど枠組みに基づき構造的に整理した内容が，当初の目的に沿っているか，また行われた実践は，その学校や実践の環境を知らない

表 6-8　コーディネーターが中心となるチームによる学校適応援助の推進（井内，2013 を改変）

事前会議の参加者	管理職・特別支援教育 Co.・学力向上 Co.・各学年主任・養護教諭・報告者	
コーディネーター	学力向上コーディネーター（報告者は補佐）	
チーム援助の参加者	管理職・学級担任・同学年・特別支援教育 Co.・学力向上 Co.・養護教諭・報告者	
チーム援助の方針	①学力保障・学習補充，②援助要請スキル形成，③アレルギー対応・健康管理	
会議の日程（回数）	1 月 10 日，1 月 31 日，2 月 7 日，2 月 28 日，3 月 14 日（計 5 回）	
援助案とおもな役割分担	○わからないときは挙手をして「わかりません」と言うこと，援助要請が出たときは称賛すること（担任・学力向上 Co.・特別支援教育 Co.・報告者） ○一番前に席を置き，本人が援助要請しやすい環境を作る（担任） ○国語や活動時間は T2 を配置し，部分的に個別対応をする（報告者） ○週 1 回△曜日に放課後の補充学習を実施する（報告者） ○少人数学習のため，2 グループ分具体的教具を作成する（学力向上 Co.） ○保健室に来たら休養を勧め，保護者と健康面の情報を共有する（養護教諭） ○補充学習時の個別の称賛（管理職） ○定期的観察と継続的記録（特別支援教育 Co.）	
結果① 児童の学校適応状況	学校適応援助に一定の成果があった ○学校適応感（アセス）の上昇 ○複数の教師による見取り	● 算数のテスト点上昇・学習意欲向上 ● 挙手し「教えてください」という援助要請スキルの形成
結果② 教師への聞き取り調査 記号： ○成果の上がった事項 ●成果が上がらなかった事項	概ね効果を認める報告があった 〈チーム援助会議について〉 ○短時間で支援方法の検討 ○「支援」と「許容」の共通理解 ○援助のつまずきや悩みの共有 ○マニュアルによりスムーズな進行 ●関係者全員が集まる時間の確保 〈会議で用いた援助シートについて〉 ○情報の共有には必要 ○事前準備は慣れにより時間が短縮 ○目標が焦点化され効果検討が容易 ○自分の役割を意識した援助 〈対象児への見方の変化について〉 ○学習支援と学び方の支援の細分化	○努力しても困難なことの客観的把握 ○できたことやがんばったことの称賛 ○得意な事/好きな事を生かした援助 〈チーム形式による援助推進について〉 ○一人で抱え込まないという安心感 ○会議以外でも対象児の情報を共有 ○管理職の関わりが心強い ○他の児童へも大きな支援 ○学習の工夫の分担 ○養護教諭が健康面で保護者と連携 ○他児への声かけ支援の増加，余裕 ○視野や援助案の広がり ●推進するコーディネーター役の不足

読み手が読んでもわかる記述であるかを，見直し，整理したい。

　個々の記述が，感想でなくデータに基づいているということは，主張が量的または質的なエビデンスによって裏づけられていることである。つまり，データと抽象的な表現や主張が対応しており，具体的なデータに対して適切な説明がなされている。これらは，「分厚い記述（Thick Description）」とよばれ，結果の表記に経過が伝わるよう記録を積み上げていくための手続きである。

8 実践結果の記述 ▎経過の記録

1 校内研究の結果としての事実

　校内研究の結果とは，取り組みで得られた事実である。おもな内容は，研究計画に沿った方法（第3章参照）で実施した結果・図表・図表の説明・図表の読み取り・統計的な検討の結果となる。解釈は，後の「考察」の段階で行われる。

　事実を表記する際は，読み手が理解しやすいよう文章を構造化するとよい。結果の数値や文字データだけでは，読み手にはわかりにくく，内容が伝わらない。①実践の手順や結果のデータは，一定の形式に沿った表現の方がわかりやすい。②研究対象校の教育課題や結果は，関係者の心情に配慮して示す。

　これらをふまえ，結果については，「淡々と」解釈や意見を含めず事実を書く。

2 結果の記述の前提

　結果に先立ち，その実践研究が，①何を目的として（目的），②いつどれほどの期間で（時期），③どのようなこと・人を対象（対象）に行われ，④どのような観点で整理（分析）されたかを簡潔に記述する。既述の内容の再確認であり，概要のみ示す。

3 積み上げられた実践経過

　結果の記述では実践の内容をていねいに示す。実践研究の担当者は，実践計画の確実な実践をめざす。指導案（例：図6-4）や板書計画などを提示すると，校内で行われる実践の一定の質を保つことができる。また，図6-5は，授業後に各実施者が記録する振り返り用シートである。担当者であっても，全ての同僚の実践を観察することは難しい。よって事後に担当者と協力者の間で振り返りを効果的にするための工夫が必要となり，こうした配慮が，結果を的確につかむことになる。

4 目的・方法で示されていない情報

　実践をまとめる段階で，当初の目的や方法で想定されていないが，結果に何らかの影響を与えた可能性がある出来事や環境の変化があれば記述する。実践での取り組み以外の要因も変化の契機となり得るからである。

1　単元名　ピア・サポーターになって集団宿泊体験学習を成功させよう。
2　計画　全7時間（4／7）。

第1次。	第2次。	第3次。	第4次（本時）。	第5次。	第6次。	第7次。
ピア・サポートについて知ろう。	自己理解・他者理解。	共感スキル。	サポートスキル。	コミュニケーションスキル。	個人プランニング。	グループスーパービジョン。

3　ねらい。
　○　友だちを支援するためには，相手の気持ちを考えたり，相手のペースを考えて行動したりすることが大切であることを体感することができるようにする。
　○　一枚の絵を班で完成させるために，描く人を班のメンバーでサポートしたり，協力するために何が大切かを話し合ったりすることができるようにする。
4　展開。

段階。	学　習　活　動。	指　導　上　の　留　意　点。
導入。	1　前回から今日までにサポート活動を行ったかを振り返った後，アイスブレイクを行う。「2人でコンプリメントシャワー」（プラスのストローク）。 ①ルールを知る→②2人でコンプリメントシャワーを行う→③全体でシェアリング。	○　実際にサポート活動を行っていた場合，内容をみんなの前で発表させ，賞賛し，意欲付けを行う。 ○　どんなプラスのストロークを友だちに贈ったか，贈られたか，を振

図6-4　心理教育の指導案（抜粋）

ピア・サポート学習後の担任用振り返りシート
　　　　年　　月　　日　　年　　組名前（　　　　　　　　　　　　　　　　　　）
【計画】
①本時のねらい（　　　　　　　　　　　　　　　　　　　　　　　　　）
②要配慮の児童（　　　　　　　　　　　　　　　　　　　　　　　　　）
＊日常化の工夫（　　※日常的に何が学びの落とし込みとしてできそうか　）
【振り返り】
【4よくできた　3だいたいできた　2あまりできなかった　1できなかった】
①本時のねらいは達成できたか　　　（　4　3　2　1　）
②子ども達の反応はみることができたか　（　4　3　2　1　）
③子ども達の意見を取り上げられたか　（　4　3　2　1　）
④サポート活動への意識づけはできたか　（　4　3　2　1　）
⑤特に普段と異なる様子だった子どもがいたか
　●
　●
　●
⑥その他気付いたこと・感想等【自由記述】

図6-5　実践記録の振り返りシート

9 実践結果の記述 ▎文章のつづり方

　結果は事実に基づき，客観的・観察的に記述する。質的・量的データをわかりやすく示し，適切な表現で論理的につづる。本節では結果の記述方法を示す。

1　文内の主述の一致・文の長さを考える

　豊かな実践の結果をまとめる際，長文や複雑な主語述語の関係の文にならないよう心がけたい。1文が長すぎると，読み違えが起きるなど，筆者の意図が伝わりにくくなる。句読点（例参照）や文構造を活用し，簡潔に記述したい。

句読点による文意の伝わりやすさの違い

①読み手が行った実践の内容や変容をわかる

　　①は句点がないため，文の意味が複数に解釈される

②読み手が，行った実践の内容や変容をわかる

　　②は「行った」の主語が「読み手」なのか「書き手」なのか混同される

③行った実践の内容や変容を，読み手がわかる

　　③は主語・述の係り受けが明確である

2　文の内容面の構成を考える

　結果の記述には，内容の簡潔化とともに，説得力ある表現も求められる。

対人関係の広がりは，友人の増加によってより多様化するとされている（○○，20XX）。B児にも，対人関係の広がりや多様化が観察された。

　上の例文では，抽象的に先行研究で示されたことが，この文の筆者の研究でも見られたことを主張しているが，読み手には実感が伝わりにくい。下の例文の下線部のように具体例を添えると，説得力のある表現になる。

［抽象的表現に具体的根拠を含めた例］B児にも，<u>日によって異なる仲間と異なる遊びをするなど</u>，対人関係の広がりや多様化が観察された。

表 6-9　文と文，語句と語句をつなぐ主な接続詞

種類	役割	具体例	対象
順接	前の部分を原因と後続の結果の接続	よって，そのため	文
並列	前の部分と同等レベルの情報の接続	および，また，ならびに	語・文
逆接	前の部分に反する後続部分への接続	しかし，だが，ところが	文
累加	前の部分に何かを付加する際の接続	そのうえ，加えて，さらに	文
対比	前の部分と後の部分の対比の接続	一方，他方，逆に	語・文
選択	前の部分と後の部分の記述から選択	または，あるいは，もしくは	語・文
説明	前の部分に説明を加える際の接続	なぜなら，なお，ただし，たとえば	文
換言	前の部分を後続で換言する際の接続	つまり，要するに，すなわち，換言すると	文
転換	前の部分の記述からの話題の転換	ところで，では，それでは，さて	文

3　段落に分ける

　年単位で長期間の実践研究をまとめる場合，章・節・項の立て方と，記述方法が重要になる。読み手に負担感を与えない長さで，意味のまとまりごとに段落にすると，主旨が伝わりやすい。

4　段落内の構成・関係性を考える

　段落内で，文の並びが①見出しの文，②①を例示や補足などで説明する文，③全体をまとめる文，と構造化されていると，内容が伝わりやすい。

　接続詞を活用し（表 6-9），文や段落間の関係性を明確にすることで論旨が明確になる。

5　研究主題（タイトル）との整合性を考える

　実践研究の主題は何か，当初の計画と結果が合致しているかを確認する。インタビュー・観察記録・質問紙など結果を示す資料を主題に沿ってまとめる。①実態を捉える研究：収集した結果から傾向や特徴を捉えるための柱を立てる。②仮説を立てた研究：「Aをすれば，Bの状況になる」という仮説を検証する。

6　全体的な確認事項

　文章を書き終えたら，結果の記述全体を読み返し，以下のことを確認する。①である調，です・ます調を区別し統一する。執筆要項などがあれば確認する。②話し言葉や敬語でなく事実を端的に表す。子どもの言葉などは括弧書きする。③文の間の接続がより明確になるよう，接続詞・副詞により整理して表現する。

10 設定された目標への到達度

1 設定した目標に向かうステップ

　実践研究では，計画段階での目的の達成に向け実践を行い，結果を検討する。予測や仮説に沿う結果となる場合もあるが，そうならない場合もある。以下に示すCさんの学校での研究の途中経過をみてみよう。

設定された長期的な全体目標と中期的な1年ごとの途中経過

　<u>2年間の目標</u>　中学校でポジティブな支援による生徒指導の方法を探る。
　<u>1年目の目的</u>　エビデンスに基づく生徒指導システムとして良い行動を賞賛する。<u>Positive Behavior Interventions and Supports（PBIS）</u>の1次支援を参考にした取り組みを積極的行動支援ととらえ，中学生を対象にクラスワイドで実践を試み，規範行動の向上に効果をもたらすか検討する。
　1年目の結果　CさんはD中学校で規範行動意識の変容を調べるため小中学生用規範行動自己評定尺度（山田ら，2013）と，自己有用感の変容をみるため自己有用感尺度（栃木県総合教育センター，2015）を実施した。
①質問紙で規範行動尺度の平均点を分析すると，対人的規範が有意に向上
　⇒　集団に積極的に関わり協力し助け合う意識が向上。
②個人的規範遵守に有意差⇒集団維持のため個人が守るルールや意識向上。
③実践群担任の半構造化面接⇒生徒の良い行動への気づきがみられた。
④対人的規範遵守においては有意差なし⇒内容を検討すると，「友だちの悪口を言わない」や「友だちに優しく接する」などの意識であった。行動目標を具体的に記述しなかったことで，生徒の意識づけが弱かった。
⑤自己有用感尺度では有意差なし⇒チケットでの賞賛方法を修正する。
⑥途中での結論⇒積極的行動支援により規範行動が向上する可能性がある。

　これらを各尺度や面接の結果ごとに整理し，到達状況を把握する。研究計画と照らし合わせ，定期的に実践の進捗を確認・調整する（図6-6）。

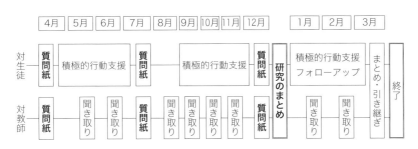

図 6-6　設定された目標に到達するための成果検討（林田，2017）

2 中間段階における進捗の精査と目標設定の修正

　事例では 3 学期の実践後の事後のアンケートから①〜⑤の気づきを得た。①
②は成果が上がったが，④⑤は有意な上昇とは言えない。C さんは有意差が出
なかった原因を検討した。

　C さんは，まったくこの方向性が間違っているわけではないことを，他の有
意差が示された項目や，実際のクラス担任などへの面接調査から検討した。面
接調査で，教職経験年数の違いにかかわらず，有効性をある程度実感できてい
た。そのうえで有意差の出なかったことを再度検討した。C さんは修正案を考
えた。

　修正 1 ：質問紙の結果を詳細に確認し，効果があったことを学年教員に
　　　　　フィードバックし，成果が認識されるような掲示を工夫した。

　修正 2 ：自分の行動への認識はできていると確認されたので，担任が発行す
　　　　　るチケットの枚数を累積し，生徒の変容との関係を見ることにした。

　修正案を実施した結果，担任が発行するチケット枚数が多いと生徒の行動に
も変化が起こりやすく，同僚の実践への関与が高まったことが示された。

3 目標の到達度を再度検討する

　目的が明確な研究であれば，事前と事後の変化や，実践群と協力群（対照
群）との比較などの検討が行えるはずである。成果の継続の根拠が得られる。
計画で期待された成果が出ない場合，やりきれない思いになるかもしれない。
しかし結果を詳細にみれば，必ず改善の手がかりがあるはずである。結果を分
析的に検討し，さらに発展させるための示唆を得ていきたい。

11 目標外の意外な結果の記述

　実践研究では，予定外の成果が見いだされたり，結果だけでは十分に成果が表れない場合もある。これらも詳細に把握し，実践の発展に役立てたい。

1　目標外の意外な結果とは

　計画的に実践研究を行っていても，予想通りの結果になるとは限らない。得られるべき結果を期待するあまり，それ以外に得られたことを見逃さないようにしたい。予想した結果・仮説どおりの結果がでないことを悲観せず，得られたことを検討し，探究や成果の理解をより深める機会とするのである。

　意外な結果として考えられる状況を整理すると，以下のことが考えられる。
① 立てていた仮説（達成しようとする目的と得られる結果）が間違っていた
② 立てていた仮説は適切だったが，検討方法が間違っていた
③ 立てていた仮説で焦点をあてていないところに差が表れた

　実践研究のなかで示された結果が予想と反して表れた場合，その意味をあらためて検討し，研究の結果が学校現場でどのような意味をもつかを，校内研究に関わる関係者で協議すると，表れた結果の捉え方に多様な発想が得られるであろう。では具体的な状況をもとに検討してみよう。

2　臨機応変な対応―トラブルシューティング

設定した目標以外の結果の例

【具体例】「児童の主体性と対人関係力の向上」の課題が共有された学校で，児童の自己効力感・対人関係力の向上に向け，ピア・サポートを実践した。

状況①：学校行事等で自発的にリーダーとして協働する姿から児童の変化がみえてきたが，計画した質問紙の結果には表れなかった。しかし協議会で学級担任から，感想ノートに仲間への感謝や「もっとこうすればよかった」など具体的改善策が示されるようになったとの話があった。

状況②：管理職から，「先生たちが実践に熱心に取り組み，成長しているように感じられる。何か変化がとらえられるのではないか」と指摘された。

　状況①では，週1回程度の短時間の実践を数週間行い，クラス担任から声か

けを受けるだけの経験では，子どもが実感する変化は表れにくい。このような状況が予測されたら，子どもに対する視点を変えた質問項目や，クラス担任や保護者など，他の関係者によって子どもの変化を把握する方法を準備しておくとよい。たとえば，児童生徒が実際のスキル訓練に意義を実感したり，今後に役立てたいと思ったりしているかを尋ねるなどの質問が考えられる。

　これらは，良い結果が表れにくいことがわかったときに付加するより，計画に含めておくほうが，早期の情報も漏らさず得られるなどの効果がある。経験知により重要なことが明確になるが，先行研究や解説書を読んだり定期的に同僚と相互に検討したり，スーパーヴィジョンを受けることも必要である。

3　予想外の効果・成果—メリットの新たな発見

　状況②では，子どもの主体性や対人関係力の向上を目的として実践を開始した。当初の予定は子どもの成長を自分で実感することと教師評定からとらえることであった。しかし，子どもの成長を確実なものにしようと熱心に取り組んでいる教員が，その力量を高めたことが管理職の目に留まった。こうした当初の目標以外の結果も，エビデンスとして資料を収集しておけば，成果とすることができる。状況②には，教員の心理教育や学級経営の力量の向上は，研究を開始する時点ではあまり想定されていなかった。それを結果として記録することで，校内研究のさらなる効果を見出すことができる。

　事前と事後の比較で得られた変化や，その後の定着状況までも見通した様子についての具体的事実を示すことにくわえ，想定されていなかった効果や課題についても，あわせて関連性を確認し，今後に向けた実践研究で得られた知見として生かしたい。科学における大きな発見には，予想外の結果が結びついたものも少なくない。得られた多くの協力による結果を深く検討したいものである。

✎ ワーク　6-6

状況①・②について，以下を考えてみよう。
状況①の結果を明確に示すためには何を行えばよいだろうか。
状況②を結果とするにはどんなツールを用いるとよいだろうか。

第7章

考察をまとめる

　第7章では，校内研究で得られた結果をもとに成果と課題について考察するときの手順や注目点，また気をつけるべき留意点について述べる。考察は，ともするとただ結果の概要をまとめたり，あるいは感想や一般的な努力事項を書いて終わってしまったりすることがある。しかし，校内研究で得られた結果や明らかになった事実に基づく十分な考察ができると，それは必ず実践の改善や次の新たな取り組みへの出発点につながる。ぜひ，有意義な考察となるようにしてほしい。

1. 考察の柱を立てる
2. 目的と結果を示す
3. これまでの実践成果との比較
4. 限界と今後の課題

1 考察の柱を立てる

1 考察のプロット

実践研究論文を書くときに最も苦労するのが，考察部分であろう。得られた結果をまとめるだけでは要約にとどまってしまうし，感想を書くのであれば考察とはいえない。そして，とにかく「『考察』の原稿スペースを埋めなければ」という思いで書いていくと，さきに書いた結果の繰り返しだけになってしまうこともある。それを避けるためには考察の柱となるプロットをつくるとよい。

このプロットに含まれる事項としては，①研究の目的の確認，②得られた結果の概要，③確認できたり新たに得られたりした成果，④従来の実践研究や実践報告との相違点とその理由，⑤今後の課題などである。順序は必ずしもこの通りではないかもしれないが，これまでの実践研究論文や実践報告に再度目を通してみると，これらの事項が書かれているのに気づくだろう。

2 プロットの中身の吟味

プロットの書き方としては，上の①〜⑤のそれぞれのなかで，主要な内容を箇条書きにして大切な事項が抜けないようにする。特に③〜⑤はそうした箇条書きがあることによって，書かれている内容のまとまりがつくとともに，観点の欠落を防ぐことができる。このようにしないで，一気に考察の本文に入る書き方もあるが，考察全体のバランスを考えると，段階を踏んで骨子からしだいに詳しいレベルの記述内容へと進めていくとよいだろう。

図 7-1 と図 7-2 に，取り組みの概要とそれと対応したプロットの例（③〜⑤のみ）を示す。箇条書きの項目（a 〜 e）は，研究の主要な取り組みに対応している必要がある。そして，それら以外の新たな気づきや触れた方がよいと判断した事項などを加える。図 7-1 では，取り組みのなかでは校内体制（システム）を重点化してなかったが，プロットでは校内体制に関する事項（d）が加わっている。

以上の手順を，別の例として家を建てる場合で考えよう。家を建てるときには，まず骨格となる柱を立て，屋根をふき，そして壁をつくる。こうして全体の構造をつくってから，しだいに内部の細かい造作や装飾へと進んでいく。

けっして，ある部分を完全に仕上げて，次に別の部分を仕上げるといったような作業はしない。たとえば，台所だけ完全につくりあげて，次にリビングの作業を完成させるといった手順は踏まないのである。これと同じで，まず全体の構成を考え，その後により細かい部分へと少しずつ作り上げるほうが，最終的に全体のバランスが取れるとともに，大きな欠落部分が出る危険性も少なくなる。

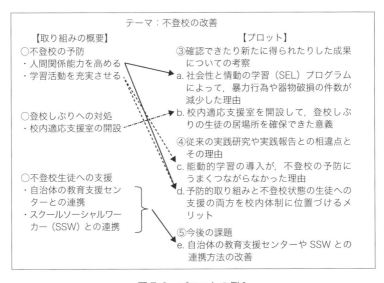

図 7-1　プロットの例 1

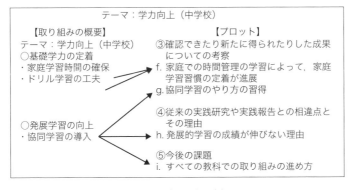

図 7-2　プロットの例 2

2 目的と結果を示す

　目的を書く

　考察の冒頭に，この校内研究は何を目的としたのかを再度書いておく。それまで結果を読んできた読者に，再度，取り組みのねらいを意識してもらうとともに，これからの考察を読んでもらうにあたっての観点を確認する意味もある。

> 本研究では，社会的スキルの程度の低い児童に焦点を当てて，「対人スキルアップ学習」で核のプログラムとスキル定着のためのショートプログラムの実施における効果を検証することを目的とした。（黒水，2016）

　この例では，何を目的にした実践研究で，どういった事項を中心に取り組んだのかを簡潔にまとめてある。とくに社会的スキルの低い子どもに焦点を当て，「対人スキルアップ学習」という学習プログラムの実施方法に工夫を加えて，その効果があるのかないのかを検証した研究であることを示している。

　より大きな規模で，ある主題について取り組んだ校内研究の場合は，一言では表現しにくいかもしれないが，主題・副題に示された事項をもう少し詳しくして，「本校では，この目的に向かって，こういったことに取り組んだ。」といった趣旨で表現するとよい。次にあげる例は，同じ中学校区にある小・中学校全校での取り組みをまとめたものである。

> 本研究は，4小学校1中学校の計4校からなるA町中学校ブロックで，「人間関係づくり学習」の導入・実践を行い，児童生徒のコミュニケーション能力の向上を目的とした。（三渕，2015）

　得られた結果の概要：アウトプットとアウトカム

　実践研究で得られた結果の概要とは，よく言われる「成果と課題」の「成果」の部分にあたる。難しく考えずに，たとえば「今回の実践研究では，どんな成果が得られたか」と対面で聞かれたときに，即座に答えるような事項である。

　結果の概要がエビデンスにあたるが，これは大きくアウトプットとアウトカムの2つに分けられる（3章1参照）。アウトプットとは「結果」と訳されるこ

とが多いが，ここでは実施できた教育活動と考えるとよい。たとえば，ある指導法の実践，計画した行事の実施，新たな組織の立ち上げと実動といったことが該当する。これに対して，アウトカムは「成果・効果」を意味する。教育の目標は児童生徒の成長であるから，具体的な子どもの変容がアウトカムになる。図7-1の不登校への取り組みの例の場合の「a．社会性と情動の学習（SEL）プログラムによって，暴力行為や器物損壊の件数が減少した」という結果でいえば，「プログラムを計画通りに実施できた」がアウトプットであり，それによって「子どもの暴力行為や器物損壊の件数が減少した」がアウトカムになる。

　先に紹介した三渕（2015）では，次のように結果がまとめられている。

段階的に，研究Ⅰでは小学校1校を対象に導入・実践を図り，研究Ⅱでは中学校ブロック5校（4小1中）を対象に導入・実践を行った。その結果，研究推進組織がつくられ，教育課程への学習プログラムの位置づけがなされて，全5校で実施する体制を整えることができた。研究Ⅱでの1年間の実践の結果，児童生徒の自己評価と担任教師による評定で，小学○年生〜○年生，中学○年生〜○年生で，社会的能力が向上していた。（一部改変）

　この例では，研究を2段階に分けたことに簡単に触れた後，成果の概要を説明している。「人間関係づくり学習」を中学校ブロックで実施するための組織を整備し，また教育課程への位置づけを行ったことがアウトプットであり，いくつかの学年で社会的能力が向上したことがアウトカムにあたる。

✎ ワーク 7-1

取り組んだ校内研究のアウトプットとアウトカムを簡単にまとめてみよう。

アウトプット	
アウトカム	

3 これまでの実践成果との比較

1 先行研究・実践と比較する

　取り組んだ実践研究の結果が，これまでの先行研究・実践に比べて，何が同じで何が異なるのかを示す必要がある。多くの校内研究がこの点に触れていないのは大変残念である。先行研究・実践との比較には，次のような意義がある。

①オリジナリティや意義の確認：今回の取り組みの特徴を，同じような主題での過去の取り組みとの関係において明確にすることができる。

②今後の改善への手がかりの提示：どういった点を改善すれば，さらに優れた実践につながるのかを，従来の報告との比較により明示することができる。

　先行研究・実践との比較をするためには，まずは，第2章「実践研究の主題を決める」（5・6節）で説明したように，先行研究・実践をよく読み，その成果や課題・問題点を理解しておく必要がある。それぞれの文献の要約や自分なりの考察をまとめておくと，さらによいだろう。そうしておけば，今回の実践研究の結果をそれらと比較する際に，意義や特徴をつかみやすい。先行研究・実践との比較の書き方としては，下のような例があげられる。

- 本研究の結果は，A小学校（2015）の学校全体での実践による不登校児童の減少と同じである。このような成果が得られたのは，A小学校（2015）と同様に……に注目した取り組みを実施したためと考えられる。

- 本研究では……という結果が得られたが，B中学校（1999）では同じような取り組みをしたものの，この点についての成果は報告されていない。こうした違いが出たのは，おもに次の2つの理由によると考える。

- （本研究では）……を目的に実践を行ったが，成果は十分には確認できなかった。C小学校（2008）も同じような取り組みを報告しているが，やはり明確な成果は得られていない。その原因は，……

- C中学校（2015）では……といった結果が報告されているが，本研究でも同じような結果を……の面で確認することができた。

2　新たな成果を書く

　先行する実践と比較して新しい成果が得られたのであれば，それをわかりやすく書くようにする。これはたとえば，従来好ましい結果が得られなかった取り組みで今回成果が見られた場合はもちろんのこと，ちがう学校種で同じような結果が得られたり，あるいは異なる方法を採用してねらいを達成できたりといったことである。それらを明記することによって，実践の進歩を正確に伝えることができる。そして，その理由や予想される原因を示すことによって，考察を深めることができる。たとえば，次のような記述を例として示す。

- D中学校（2015）では1年間の取り組みの成果が報告されているが，本研究では3年間にわたる実践で，より明確に……が向上することを示すことができた。これは……という取り組みの実施によると考えられる。
- 本研究では全校で取り組むことによって……という結果が見られたが，E小学校（1999）では第F年生だけの実践であり，全校で実施しても同じような成果が得られることがわかった。こうした成果が得られたのは，全校での実施によって……の効果が出たためであろう。
- 本研究の成果をG小学校（2010）と比較してみると……は同じような結果であったが……に関してはより長期間の取り組みで明確な効果を確認することができた。これは，全校での組織的な取り組みができたためと言える。

3　文献の引用方法

　考察部分で先行実践との比較をする場合には，必ずその比較対象とした報告書や論文の出典を明記する必要がある。これによって，読者は元の文献を読んだりさらに詳しく確認したりすることが可能になる。ただし，文献の引用方法は，学問分野によって異なり，上の例では心理学における方法を示した。前出の例の「○○○（XXXX）」は，「○○○」という学校あるいは報告者が，「XXXX」年（西暦）に発表した研究報告や実践論文を表している。

　なお，引用した文献はすべて，論文の末尾に正確に列記しておく。詳しい書き方は，引用した文献等にある引用文献欄を参考にするとよい。

4 限界と今後の課題

1 校内研究の意義を高めるために

あらためて言うまでもないが，校内研究はよりよい教育実践のためであり，それが実践の改善につながってこそ意義あるものとなる。したがって，どうすればさらに現実の教育実践のレベルアップになるのかを示す必要がある。

この点で，実践の成果のエビデンスをもとに，先行研究・実践との比較をしてその意義を確認し，また新しい成果を示したとしても，さらに改善の余地はあるはずである。それを示すには，今回の研究で何が限界で，それを乗り越えるために何をすべきなのかという今後の課題を示す必要がある。

2 本研究の限界を確認する

どんなに成果を上げた実践研究でも，「100％これでよし！」という研究はないので，限界として不備な点や問題点を示しておく必要がある。こうして限界を示しておくと，下でつづいて説明する「今後の課題」の明確な根拠となる。つまり，「本実践研究では○○が限界と言えるので，それを解決するために，今後の課題として△△に取り組みたい。」といった流れになるからである。具体的には，さきに「2. 目的と結果を示す」で説明したアウトプットとアウトカムの両面で考えるとよい。たとえば，次のような書き方になるであろう。

アウトプットの例

(a) 当初の計画では全校で実施することにしていたが……の理由から，一部の学年ではいくつかの授業を実施することができなかった。

(b) 年間を通して……の時間に取り組みを行う計画であったが……のために，計画事項を完全には実施できなかった。

(c) 校務分掌上は……委員会が主担当であったが，実際に委員会を開催できたのは……回のみであり，計画の3分の2しか開くことができなかった。

アウトカムの例

(c) 年度末までに，長期欠席の児童を現状の3分の2に減らす計画であっ

たが，実際にはそれに至らない学年があった。

(d) 生徒の自己評価で……を全学年で向上させることを目標にしたが，1年間の実践の結果○年生で上昇がみられなかった。

3　課題を示す

　今後の課題は研究の限界をふまえて示すことになる。ほとんどの校内研究で，まとめには「成果と課題」として課題があげられているので，特段目新しいものではない。ただし，「お題目」的に書かれていてほとんど実現不可能なものや，なぜその課題が示されているのかが理解しにくい場合もある。

　次に示す例は，上の例で示したような「限界」をもとにした場合の記述例である。同じアルファベットがついているものが，対応している項目である。なお，今後の課題を書く際には，下の例に示すようにできるだけ実現可能性を視野に入れて，具体的な取り組みに向けての提案になるようにするとよい。「そのため」などにつづく文が，その具体的な取り組みを表している。

アウトプットの例

(a) 今後の課題は，当初の計画にしたがって全校で実施することである。そのために教育課程への位置づけを工夫する必要がある。

(b) ……委員会の定期的な開催が今後の課題である。そのために，年度当初に時間割を作成する段階から時間設定を工夫するとよいだろう。

(c) 今後は，校務分掌組織を再検討してより開催しやすい委員会組織にする必要がある。これは……を配置することによって可能になると考えられる。

アウトカムの例

(d) 次年度も，取り組みの目標は変えずに児童の……の達成を目指すことにしている。そのためには……の取り組みを継続して定着を図ることが今後の課題である。

(e) 今後は，自己評価が向上しなかった○年生を中心に，生徒の自己評価で……を全学年で向上させることが目標である。

第8章

報告（レポート）にまとめる

　第8章では，これまで取り組んできた校内研究を報告やレポートという形あるものにまとめることの意義やまとめの形式，まとめの項目やその観点，まとめ方の表記法や執筆の方法について説明する。校内研究を報告やレポートにまとめるということは，研究を公表して社会的に価値あるものにするためにも欠かせない作業である。

1. 報告（レポート）にまとめる意味と学校がつくる報告書
2. 従来の報告書に掲載されている内容
3. 報告書に記載したいこと
4. 相手に応じた報告書の書き方
5. これからの校内研究の方向と報告書にまとめる内容

1 報告（レポート）にまとめる意味と学校がつくる報告書

1 報告（レポート）にまとめる意味

「教育研究の進め方・論文のまとめ方」（福岡県教育所連盟，1981）の，昭和52年度の福岡県教育論文の審査講評のなかで述べられた「論文を書く意味」には次のように掲載されている。

> ①論文をまとめることは，毎日流れていく教育の営みに節を作って自分の仕事を深く見つめることであり，反省することであり，自信をつけ充実した指導のあり方を創造することである。
>
> ②書くことは，論理性や客観性が要求され創造的な営みであるだけに読むこと，話すこと以上に困難である。それだけに自己自身の開拓と飛躍がある。
>
> ③言葉は消える。尊い実践を論文としてまとめることは，かけがえのない自分の教育の営みを永久に残すことである。

　紹介した文献は，古いものであるが今の時代にも通じる。①には，自分の研究を報告にまとめることで自分が取り組んだ研究を深く見つめ直すことになると書かれている。また，②には，まとめを書くという取り組みによって自分の研究を広く社会に公表して厳しい批正を得ることが自分を成長させることにつながると書かれている。さらに③には，報告にまとめることは，自分が取り組んだ研究を永久に残すことになるということが書かれている。これらは報告やレポートにまとめることの意味にもつながると考える。

　本書で取り上げているのは校内研究においても，前述の個人研究と同じように学校がこれまで，学校長を中心に職員の協働で取り組んできた研究の成果をまとめることによって，これまでの研究を深く見つめなおすことになる。また，自校の研究を学校以外に広く公表して，自校の取り組みに対する厳しい批正を得ることにもなる。これからは，社会に開かれた教育課程が求められていて，保護者や地域住民にもわかりやすい言葉で書かれた報告書が必要になってくると考える。さらに，自校の子どもたちの問題を解決してよりよく育てるために

取り組んできた研究をこれからに残すことにもなる。公立学校の校長や職員は，永久にその学校に留まることはできない。何年か勤務すると異動することになる。その時代に勤務した教職員が，子供たちを育てようと懸命に取り組んだ証を残すことは，新しく赴任した校長はじめ教職員が，その取り組みに目を通すことになり子供たちの育成に持続可能な学校をつくりだすことにもつながる。

2　学校がつくる報告書

学校が作成する報告書には，次のようなものがある。

①年度の終わりに校内研究のまとめとして作成する（教育委員会に提出する報告や学校が独自に作成する報告であり，教育委員会が提出を義務づけている自治体もある）。

②研究発表会等のときに，研究成果の報告として作成する（学校の設置者である教育委員会の指定校としての発表や都道府県教育委員会，文部科学省の研究指定校としての報告，地域や県，全国レベルの教科等研究会での報告がある）。

③「学校要覧」のように自校の教育活動や研究成果の説明として作成する（リーフレットやパンフレット，学校のホームページで学校紹介として報告しているものがある）。

このように，学校が作成する報告書は目的によってさまざま作成されているが，そのほとんどが研究発表会時に作成される「研究発表会要録」「研究紀要」とよばれる冊子である。次節では，研究発表会要録や研究紀要等の報告書に記載する内容について考えてみたい。

✏ **ワーク 8-1**

あなたの学校で作成している報告書はどのようなものだろう。

報告書の種類	報告書の内容	おもな作成者

2 従来の報告書に掲載されている内容

1 研究発表会情報の掲載

　学校は，校内研究の成果を「研究紀要」や「研究発表会要録」として研究発表会などで報告している。それらの報告書には，どのような内容が書かれているのであろうか。いくつかの冊子の目次を下の表にまとめてみた。

　表8-1の報告書は，研究発表会時に作成，配布されるものであるため，各学校の研究発表会の日程やその日に公開される授業の指導案，授業が行われる会場や授業者などの情報が確実に掲載されている。研究会の参加者は，その情報

表8-1　「研究発表会要録」「研究紀要」のもくじ

A小学校研究発表会要録	B小学校研究発表会要録	C中学校研究紀要	D小学校研究紀要
T町教育委員会の研究指定・委嘱校としての3年目の発表会時の報告書	毎年，大学附属小学校としての研究発表会（2日間設定）を実施しているB小の報告書	K市教育委員会の研究指定・委嘱校としての3年目の発表会時の報告書	毎年，大学附属小学校としての研究発表会（2日間設定）を実施しているD小の報告書
○はじめに ○研究発表会要録 ○会場案内図 1 公開授業指導案 2 全体会 3 研究紀要 　● 主題設定の理由 　● 主題の意味 　● 研究の目標，仮説 着眼 4 実践記録 　● 低学年 　● 中学年 　● 高学年 　● 基礎学力向上部 　● 学習環境部 　● 授業研究部 　● 成果と課題 ○終わりに	○はじめに ○本校研究の歩み ○第1日目の日程等 ○第2日目の日程等 1 全体会の部 　● 発表要項 　● 講演 2 公開授業及び協議会の部（第1日目） 　● 学習指導案 3 公開授業及び協議会の部（第2日目） 　● 学習指導案（午前） 　● 学習指導案（午後） 4 研究紀要 　● 全体構想 　● 各教科，領域部要項 ○学習規律 ○終わりに	○はじめに I章　研究の概要 1 主題設定の理由 2 主題・副主題の意味 3 研究の目標 4 研究の仮説 5 研究の内容 6 研究と関連させた取組 7 研究の全体構想 II章　研究の実際 　1 授業づくり部会 　2 より良い集団づくり部会 　3 特別支援教育部会 　4 全体考察 ○公開授業学習指導案 ○全体講話 ○参考資料 ○おわりに	○はじめに ○日程と内容（1日目） ○日程と内容（2日目） ○本校研究のあゆみ 1 公開授業指導案 　　　　（第1日目） 2 全体講演（第1日目） 3 公開授業指導案 　　　　（第2日目） 4 全体講演（第2日目） 5 研究紀要 (1)研究紀要目次 (2)研究全体構想 (3)各教科部構想 (4)英会話科部構想 (5)生き方部構想 (6)特別支援教育部主題構想 (7)帰国子女教育部主題構想 (8)養護部主題構想

をもとに，授業や分科会が行われる教室を訪れることができる。そのため，研究発表会の報告書には校舎配置図や会場案内図などが必ず掲載されている。

　通常，A校やC校などの公立学校の報告書には，研究発表会1日分の情報が掲載されており，B校やD校のような大学附属学校の報告書には，2日分の研究発表会情報が掲載されている。

2　校内研究情報の掲載

　研究発表会の情報に沿って，参観したい授業が決定した参加者は，該当する学級の指導案のページを開き，本日の授業がどのような流れで実施されるのかを確認する。

　報告書に記載される学習指導案は，各学校がこれまでの研究をもとに作り上げてきた指導案の様式で書かれている。学校によっては，当日の学習指導案を，研究の報告書とは別に綴じて配布している学校もある。この理由は，研究紀要や要録は印刷製本の時期を早めに設定するが，学習指導案は児童生徒の反応をみながら授業を決定するために直前まで変更の可能性があるためである。

　研究発表会時の授業では，その学校がこれまでの研究で効果的であったとする学習の「てだて」や1時間の「学習の展開」を具体的に公開して参観者に主張する。そのため，報告書には自校の指導案の様式がどのような考えで作成されているのか，指導案の各項目には，どのようなことが書かれているのかなどの情報も掲載されていると参観者には親切である。また，本日の授業で公開された授業の「てだて」などがどのような研究の積み重ねによって生み出されてきたのかを説明するのが，「研究の実際」である。ここには，なぜこのような研究に取り組む必要があったのかを「研究主題の意味」や「主題設定の理由」などで説明する。具体的には，研究を始めたころの児童生徒の実態から，自校にはどのような問題があったのか，この問題をどのように解決していこうと考えていたのかを表記する。次に，本研究のゴール像を「研究の目標」として示す。さらに，自校の課題を解決するための研究の見通しが「研究の仮説」として表記される。仮説は，研究を展開する際の軸になるものであり，問題提起から問題解決の発想までが表記されるが，研究発表会時の授業では，仮説に示された課題解決の方法が具体的に「見える化」していることが大切である。

3 報告書に記載したいこと

1 報告書にみられる課題

　学校が作成する報告書は，これまで読み手が知りたいと思うことを明確に伝えてきたのだろうか。

　たとえば，「自ら学ぶ喜びを感じ確かな学力を身に付けた児童の育成」を研究した学校からは，その学校の子供たちになぜこのような力を育成しなければならなかったのか，「自ら学ぶ喜びを感じる」とはどういうことなのか，その結果「確かな学力」は育成できたのかなどを知りたい。

　また，「集団や社会の形成者としての基礎を育てる特別活動」というテーマで研究してきた学校であれば，集団や社会の形成者としての基礎とは何かを知りたい。また，なぜこのような研究を始めなければならなかったのか子どもたちの実態を知りたい。そして，その子供たちがどのように育ったのか，そのためにどのような教育活動を行ったのかについても知りたい。残念ながら，学校が作成する研究報告書からはこうした知りたいと思うことが十分に伝わってこないことがある。なぜこのような研究報告書になってしまうのだろうか。

　表8-2は，多くの学校が研究発表会で作成している報告書の項目である。

表8-2　学校で作成されている研究報告書の項目例

○　研究主題	
1　主題設定の理由	4　研究の目標
(1)　現代社会の要請から	5　研究の仮説
(2)　学校教育目標の具現化から	6　研究の内容
(3)　児童の実態から	7　研究構想図
2　主題の意味	8　研究の実際
3　副主題の意味	9　研究の成果と課題

　多くの学校が作成している報告書の項目は，ほぼその要件を満たしていると考える。ただ，「主題設定の理由」や「主題，副主題の意味」，「研究の目標や仮説，内容」，「研究の成果と課題」に書くべき内容をもう一度見直してみる必要があると考える。

2　報告書に書きたい内容

　では，どのような内容を研究報告書に書けばいいのだろうか。

　たとえば，「学力の向上」という課題に取り組んでいる学校は，学力テストの結果だけでは学力が低下している原因はみえてこない。まず，学力テストの結果の分析が必要である。そこで，初めて子どもたちがつまずいている学力の状況がみえてくる。つぎに，子どもたちの家庭や学級での学習状況などを多面的に調査した結果などをもとに，子どもたちの課題が生じる背景を詳細に探ってから「主題設定の理由」を書いてはどうだろう。

　また，「主題や副主題の意味」には，自校の子どもたちの課題と類似している研究をしている学校や研究機関，個人などのこれまでの研究論文や文献などを調査してから，課題解決の具体的な方法を書くようにしてはどうだろう。さらに，最初から適切な課題解決の方法が見つかることはないので，1 年次，2 年次，3 年次の各段階で計画的に課題解決にあたった経過を書くようにする。各年次の研究には，研究の目的，方法，検証方法，手続き，その年度の結果と考察を書く。結果と考察には，より客観的なデータを示すことが肝要である。本書が「校内研究の新しいかたち」として主張しているのがこの点である。

　そして，各年次の研究の積み重ねから自校の課題が解決されたのかを「総合考察」に書き，最後に本研究で参考にした論文や文献などを紹介することも各学校の参考になる。表 8-3 には研究報告書に書くべき内容の改善を試みた。

表 8-3　研究報告書の改善案

4 相手に応じた報告書の書き方

1 社会に開かれた報告書

　学習指導要領（平成 29 年告示）（文部科学省，2017）では，社会に開かれた
教育課程の編成，実施，評価，改善が求められている。つまり，各学校の取り
組みを教育関係者のみならず，広く保護者や地域住民にも分かりやすく説明す
ることが求められているのである。今後は，この観点から報告書の作成を考え
ていかなければならない。大単元構想（カリキュラム・マネジメント）による
キャリア教育の研究に取り組んできた S 小学校では，平成 29・30・令和元年
度の研究指定・委嘱校の研究発表会を学校関係者や地域住民，保護者を対象に
開催した。その時に配布された報告書には，研究構想と学習指導案，実践記録
が掲載されていた。特に，教科や特別活動，道徳などの組み合わせや外部人材
の活用などが一眼で分かるような資料を掲載して大単元構想（カリキュラム・
マネジメント）について説明する工夫を行っている（図 8-1 参照）。

　これからは，保護者や地域住民に対しても自校の研究についてわかりやすく
説明する「保護者も地域住民にも分かる社会に開かれた研究報告書」的な，報
告書作成の工夫が求められると考える。

　学校の報告書は，これまで学校に勤務する者や教育関係者のみを対象に作ら
れてきた。そのため，報告書には教育の専門用語が多く用いられていた。この
ような報告書では，保護者や地域住民には非常にわかりにくい。このわかりに
くさが，学校に対する保護者や地域住民の理解を困難にしてきたと考える。

　社会に開かれた教育課程の理念のもと，コミュニティスクールでは，保護者
や地域住民に学校の教育計画について説明し，計画したことの実施状況を自己
評価しその結果を，また，説明しなければならない。これからの学校には，説
明する力が求められているのである。その説明する力とは，「難しいことを，
優しく平易な言葉で伝える力」であると考える。その力は，相手の立場に立っ
て，どのように説明したらわかってもらえるのだろうかという謙虚な姿勢に裏
づけられているものだと考える。

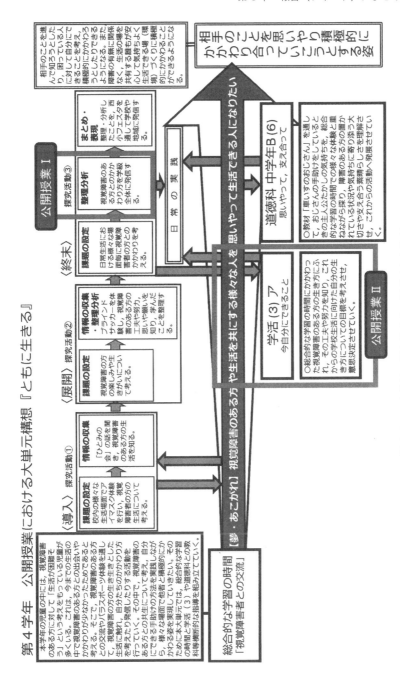

図8-1　S小学校の研究発表会で掲載された資料

133

5 これからの校内研究の方向と報告書にまとめる内容

1 これからの校内研究の方向

学習指導要領（平成29年，30年告示）（文部科学省，2017；2018）では，20年後30年後の未来社会を切り拓いていくための資質・能力を確実に育成することを目指している。そのために，育成する資質・能力を明確にすることや「主体的・対話的で深い学び」の実現に向けた授業改善，学校におけるカリキュラム・マネジメントの推進が求められている。

このことから，これからの校内研究では，これまでよくありがちだった教科の指導法のみの研究に終始するのではなく，次のような手順で包括的なグランドデザインである「学びの地図」を完成させていくことが求められる（図8-2参照）。

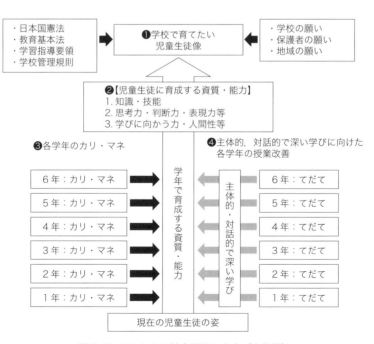

図8-2　これからの校内研究の方向（小学校）

❶「学校で育てたい児童生徒像」を保護者や地域と共有して設定する。

❷自校の児童生徒に育成する資質・能力を明らかにする。

❸その資質・能力を育成する各学年のカリキュラム・マネジメント（カリ・マネ）を進める。

❹カリキュラム・マネジメントで組み合わせた教科等の学習を主体的で対話的・深い学びのある授業にするための各学年の発達の段階に応じたてだてを明らかにする。

2 これからの報告書にまとめる内容

報告書には，前頁の図 8-2 で示したように「学校で育てたい児童生徒像」を明確に設定することが求められる。

そのためには，児童生徒の実態（教育課題）と教職員の課題（経営課題）についての詳細な実態把握の結果が示されることが大切である。福岡教育大学教職大学院（学校運営コース）の大学院生（現職教員）に，自校の校内研究について講義をした際，次のような学習後の感想が寄せられた。

> 校内研究について，学校教育目標や重点目標との関連性や，なぜ在籍校は算数科を研究テーマにしているのかなど，深く考えたことはなかった。
> また，児童の実態から教育課題は何かを全職員で考え，"例年通り"の考えにストップをかけていかなければならないと感じた。だれかが提案したものに疑いを持たず，言われたままにするのでは，教師も子どもも成長していかない。
> もっと熟議しながら，少しずつ（必要に応じてはガラッと）変えていくことが大切ということを学んだ。

この大学院生は，校内研究の研究主題や研究領域を，自校の児童生徒の実態や教職員の実態に深く結びつけて考えてこなかったと振り返っている。

このように学校のミドルリーダーを養成しようとしている教職大学院の大学院生でさえ学校経営と校内研究を関連付けながら考えてこなかったという状況が見られる。

これからは，自校の子どもたちをどのように育てたいのかを全職員で共有し，そのための具体的な教育活動として研究内容を考えていかなければならない。

第9章

結果（エビデンス）を発信する（報告会を行う）

　第9章では，校内研究の結果を発信する場である「研究発表会（報告）」の
ねらいやその持ち方，研究発表会までのスケジュールの管理，校内研究の成果
や課題の活かし方について説明する。

　学校が校内研究の成果を発表するということは，学校の良さや強みを広く世
に問うということである。ただ，これまでの研究発表会がこの主旨に沿ったも
のであったのか，新しい時代の研究発表会はどうあればよいのか考えてみたい。

　　1. 研究指定校などの研究結果の発信
　　2. 校内研究のかたちを変えようと取り組んでいる学校の工夫
　　3. 研究発表会までのスケジュール管理
　　4. 研究発表会時に行うアンケート調査
　　5. 研究発表会で報告した成果と課題の活かし方

1 研究指定校などの研究結果の発信

1 これまでの研究発表会

　筆者が，学校に勤務した昭和54年ごろの研究発表会は，午前中に授業公開が行われ，午後から児童生徒を下校させて，授業研究会や分科会，講演会が行われていた。その後，学校週5日制が導入され，学校は授業時間数の確保が課題になってきた。そのころから，研究発表会は，午後からの開始となり5限に授業公開が行われ，その後全体会（研究構想の発表）や学年別や教科等別の分科会が行われるのが通常となっており，講演などは実施しないことが多い。

　研究発表会の開催は，自治体の教育委員会で形式を示しているわけではないが，午前中から研究発表会を開催しているのは，大学附属学校の研究会などわずかである。また，参加者が県内だけではなく，全国各地から集う全国大会や九州，中国，近畿などの地域で行われる研究会は，授業公開を行わないで，各地の取り組みの状況を実践発表というかたちで交流したり分科会やシンポジウム，講演会などを，夏季休業期間中などの児童生徒の授業時数に影響のない時期に実施したりしていることが多い（一部は平日の午前中に授業を公開している研究会もある）。

2 これからの研究発表会

　F県の「重点課題研究指定・委嘱事業」は，F県教育委員会がリーダーシップを取り推進しているところに特徴がある。この事業は，これまでの県の研究指定・委嘱事業のあり方を見直し，研究指定校の数や研究推進の方法などを変えようとするものであった。

　この事業の目的は「本県が直面する重要な教育課題に対して，解決に向けての具体的な手法を実践的に研究し，その成果をまとめるとともに，全県下に普及・啓発を図り，本県教育の充実・改善に資する。」（平成29・30・31年度福岡県重点課題研究指定・委嘱事業実施要綱から抜粋）である。この目的から，本事業がF県の教育課題を解決するために具体的方法を研究し，その成果をまとめ，普及し，啓発を図ることを目的にしていることがわかる。

　平成29・30・31年度のF県の教育課題は，課題Ⅰ「主体的によりよい生活

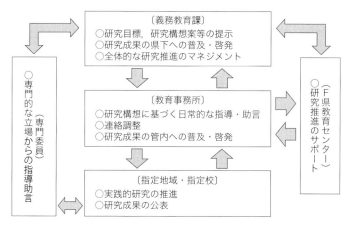

図 9-1　重点課題研究指定・委嘱事業の研究システム
（福岡県教育委員会，2017-2019）

を創り出す子供を育てる特別活動」，課題Ⅱ「ICT を効果的に活用した授業改善」，課題Ⅲ「実生活や実社会で生かす実践力を育成する健康教育」であり，平成 29 年度から 3 年にわたり F 県重点課題研究指定・委嘱校で研究を推進することになっていた。課題Ⅰ，Ⅱの研究指定校はそれぞれ小学校 1 校，中学校 1 校であり，課題Ⅲについては小学校 2 校が研究指定校になっていた。当該事業では，研究指定校にそれぞれの年次ごとに「1 年次：研究構想の具体化と授業実践，中間報告書及びリーフレットの作成」，「2 年次：所属管内（教育事務所管内）を対象に研究成果の中間公表（中間報告会の開催），中間報告書及びリーフレットの作成」，「3 年次：県内を対象に研究成果の公表（研究発表会の開催），報告書の作成及びリーフレットの作成」という課題が示されていた。この課題は，図 9-1 に示すようなシステムで各関係機関が研究指定校を支援しながら解決するようになっている。

　これからの研究発表会では，本項で紹介した F 県の重点課題研究のように各年次ごとに解決する課題や，研究成果を公開する対象の明確化，課題解決の成果の段階的な示し方などを工夫して，研究成果を確実に他校に広めるというスタイルも参考になる新しい形ではないかと考える。

2 校内研究のかたちを変えようと取り組んでいる学校の工夫

1 校内研究への主体的な態度を育てる工夫

　教員の仕事は表9-1に示すように多岐にわたる。この表に示したのは，小学校第1学年担任の1学期の学級事務と教科指導，教室環境等の仕事を書き出したものであるが，これ以外にも多様な学級担任としての仕事がある。1年生を経験したことのある教員や教職経験の長い教員でも，入学した子どもたちを学校生活の軌道に乗せるのは至難の技である。しかし，これらの仕事はベテランの教師でも若年の教師でも同じように行わなければならない仕事なのである。

　新規採用教員や初めて1年生を担任する若年層の教員にとっては，どのような仕事を，どのように行うのかを学ぶのは，同学年や先輩の教師から学ぶことが多い。秋田・ルイス（2002）は「教師は学校内において必ずしも1人だけで学ぶのではない。同僚や先輩教師，他の専門家との出会いや対話を通じて学ぶことも多い。」と述べている。表9-1に示した仕事は，学級経営に関する仕事であるが，校内研究にかかる仕事もある。第8章4節で紹介したように，池上（2019）は，中堅教員が研究構想や指導案の提案を行う「理論部」，ベテラン層

表9-1　小学校1年生担任の1学期のおもな仕事（福岡特別活動希望の会，2013より一部抜粋）

月	学級事務	教科指導	教室環境等
4月	●入学式準備 ●諸帳簿作成 ●学年，学級経営案作成 ●使用教材選定 ●学年，学級通信作成	●指導計画の確認 ●評価基準の確認 ●学びの基本の育成	●学級目標の作成，掲示 ●自己紹介コーナー設置 ●学級活動コーナー設置 ●当番活動表作成，掲示 ●棚や靴箱の整理指導
5月 6月	●家庭訪問の日程調整 ●保護者への連絡 ●学級懇談会の資料作成 ●定期健康診断実施処理 ●運動会に向けた実務 ●水泳学習に向けた事務	●観察教材の準備と計画 ●宿題の仕方指導 ●提出物の出し方指導	●縦割り活動参加指導 ●係活動の仕方指導 ●運動会への取組指導 ●学習内容の掲示 ●プールでの学習指導
7月 8月	●学期末評価の実務 ●保護者会の計画 ●夏季休業に向けた実務 ●諸帳簿整理	●長期休業中の生活や学習の指導 ●夏休みの生活の決まり（学級活動（2））の指導	●1学期の目標の振り返り ●夏休みの自由研究についての指導

教員で構成し校内研究の効果検証を行う「調査統計部」，若年層教員が中心になって学級活動（1）の授業に必要な掲示物等を作成する「環境構成部」を組織することによって，全職員がそれぞれの能力を発揮しながら校内研究に参加する体制をつくった。校内研究の仕事は，受け身になってしまうことが多い。それを，同年代の教員が授業に必要な教材を製作するという同じ目標に向かって仕事をすることで校内研究への参加意欲を高めるとともに学びも深めようとする工夫である。

2 人に教えることで個々人の力量を高める工夫

　校内研究は，これまで同一のテーマ（研究主題）を設定して，そのテーマを解決するための領域として教科等を設定して，全職員が授業構想の理論を学び，それに基づく授業を公開したりその授業を分析したりしながら学ぶというかたちで行われることが多かった。

　A小学校は，このような従来の校内研究のかたちから「自分から学ぶ校内研究」へとスタイルを変えた。教科指導や学級経営について不安や疑問が生じた教員が，教科や学級経営について指導を受けたいと思う教員のところに指導を依頼するという校内研究のスタイルである。指導を受ける組み合わせは，若年教員がベテラン教員に，ベテラン教員がベテラン教員に，ベテラン教員が若年教員にと柔軟に対応している。

　このシステムは「人材育成」という校長の学校経営ビジョンに基づいて行われていることなので，いつ，誰が，誰に指導を受けるのかというシステムは当然構築されている。

　A小学校では教えを受けに行く教員は，あらかじめ自分の課題を整理して質問事項を吟味してから，指導を受ける教員のところへ行く。そのことで，主体的に学ぶ態度が育成される。また，指導を求められた教員は，質問者に答えるために資料を用意したり，授業を公開したりすることによって力量を高めることになる。校内研究を「人材育成の場」にすると明確に位置づけたA小学校の取り組みは，これまでの校内研究のスタイルから脱却するものであり，教員の働き方や年齢構成などを考慮しながら柔軟に対応できるものであると考える。

　校内研究が活性化する大切な要素は，教員の主体性をいかに高めるのかということである。

3 研究発表会までのスケジュール管理

1️⃣ 研究発表会までの見通しをもたせる

　表9-2は，研究発表会を10月28日に控えたB校の当日までのタイムスケジュールである。9月15日の職員会議で教頭から提案されている。内容は，研究発表に直接関係のある指導案の作成に加えて花壇や廊下，階段等の整備などの項目もみられる。学校は，全職員で見通しをもちながら研究発表会までの仕事を進めようとするとともに，参観者を気持ちよく迎えようと努力している。

表9-2　B校の「研究発表会までのスケジュール」

1　研究会までの準備スケジュール					
日	曜	項　　目	責任者・担当	具体的な内容	備考
10月7日までに行うこと		掲示物作成	教頭・主幹	看板・教室貼紙・誘導・全体会	
		原稿点検・見直し修正	校長・教頭・主幹・N	進行表・放送原稿・研究報告	
		校内環境整備提案等	YM・YN・K・O	掲示物作成	
10月					
8	火	玄関前花壇整備	用務員・事務		
9	水	会場内の掲示物印刷	教頭・主幹		
		指導案校正終了　※指導案提出は9月3日	教頭・主幹・研究主任	指導案の最終チェック	
10	木	授業準備・教室環境整備（教室掲示完了）	各担任	発問計画・板書・掲示物	
11	金	花壇の草取り※この週のうちに終わらせる	各学年		
		教室環境整備（廊下，階段等）	各担任	掲示物・置物等	
15	火	教室環境点検（名札等の剥がれ等）	各担任		
16	水	指導案印刷	教頭・主幹		
		全体掲示物等確認	研修部		
		中庭花壇整備※この週のうちに終わらせる	各学年・用務員		

　この計画は，研究発表会前1か月の計画であるが，研究発表会の中心である授業研究や指導案の作成などについては，7月下旬から近接学年部会や指導案作成（個人），指導主事を招聘した研修会，板書・発問等の作成を行っている。

2　研究推進委員会を中心に計画的に進める

　表9-3は，11月に中間報告会を控えたC校の年度始めからの研究推進計画である。この計画表には，「研究部」，「環境部」，「データ部」3部の研究推進委員会がそれぞれに取り組むことと，全職員で主題研究をどのように進めるのかの計画が立てられている。また，全体で推進する過程での個人での取り組みについても計画が立案されている。これらの計画は，研究主任を中心とする研修部で企画・立案され，職員会議等で全職員に共有される。

　このような綿密なスケジュールを立てながら，研究発表会を迎える学校は，全職員が一丸となって研究発表会を迎えることができるのである。

表9-3　C校の4月，5月，6月の推進計画

月	主題研修の進め方	研修日	研究推進委員会			備　考
			研究部	環境部	データ部	
4	構想・計画・学級目標・教室環境提案 授業イメージの共有研修（VTR） 学活（2）の資質能力提案・教室環境づくり	4/5 4/12 4/19	4/5の提案物審議（4/3） 指導案形式審議 4/10 資質能力審議 4/17	材料準備	児童質問紙 教師の意識調査 Y-Pアセス 高）学級力	始業式 入学式
5	学活（2）代表授業事前研修 学活（2）代表授業（講師招聘？） ひとり一実践プランニングシート or 指導案作成 学活（1）代表授業P事前研修（全研）	5/8 5/17 5/22 5/31	指導案審議 5/7	校内環境更新チェック 教室環境チェック	分析 成果 課題把握 ↓	26）運動会
6	ひとり一実践事前研修（部研） ※実践は中間報告と共通で21）連絡協議会「学活（1）」	6/7 6/14 6/21 6/28	連絡指導案審議	校内環境更新チェック 教室環境チェック	主題設定の理由へ ↓ ↓ ↓	1）○校連絡

4 研究発表会時に行うアンケート調査

1 参観者に研究発表の成果を問うアンケート

　研究発表会では，研究紀要や当日の授業指導案等が同封された校名入りの袋が受付で渡されることが多い。それらの袋の中にはきまって「研究発表会アンケート」が入っている。これらのアンケートで学校は何を把握しようとしているのだろうか。表9-4は5校のアンケートの項目を抜粋したものである。

　表9-4の内容を見ると，参加者の研究発表会に対する評価を把握するための，4段階評価と自由記述，自由記述のみの方法に分かれる。D小学校とE中学校は，F県の重点課題研究指定・委嘱校であり，統一したアンケート項目を用いている。これらのアンケートで得られた参加者からの意見は，おもに主幹教諭や教頭が集約し，後日，発表校の自己評価に活用されることが多い。しかし，

表9-4　アンケートの項目

学　校	アンケート項目
A小学校	1）公開授業をご覧になってのご意見やご感想をお聞かせください。 　子どもたちは，主体的に学習に取り組んでいた。　　　　　　　　A　　B　　C　　D 2）本校の研究内容についてのご意見やご感想をお聞かせください。 　本校の研究は自校の取組の参考になった。　　　　　　　　　　A　　B　　C　　D 3）講演他，ご意見やご感想，ご質問等あればお聞かせください。（自由記述）
B小学校	1）期日や日程は適切でしたか？ とてもそう思う・だいたいそう思う・あまりそう思わない・全くそう思わない 2）公開授業は，今後の実践の参考になるものでしたか。4件法 3）実践発表及び授業研究会は，今後の実戦に役立つものでしたか。4件法 4）その他　今後の研究の内容や方法等についてご意見をお聞かせください。
C小学校	1）公開授業について：自由記述 2）分科会について：自由記述 3）講評・まとめについて：自由記述 4）その他，お気づきになった点など：自由記述
D小学校 E中学校	1）本日の研究発表会に参加して，重点課題の解決に向けた具体的な手立てや校内の推進体制の在り方について，今後の教育活動に「参考になった点」「改善した方がよい点」 （　　　　　　） 2）今後，重点課題の発表会において，必要だと思われる内容や方法（　　） 3）公開授業について，気づかれたこと（　　　　　　） 4）その他　感想（　　　　）

これらの内容だけでは，研究の成果や課題を把握するには不十分である。研究会モニターとして地域の校長会や教頭会，校内主任等に公開した授業や児童生徒の様子，研究会の運営の仕方などについてもう少し詳しく情報を得る工夫が必要だと考える。学校運営協議会委員などの協力も得られると考える。

2　研究発表校は何を評価すればいいのか

前述のように，研究発表時のアンケートだけでは，参観者に詳細な評価を期待することはできない。研究発表後に学校は何を評価すればいいのであろうか。教育研究は子供の幸せのために行われるといわれる。であるならば，学校に在籍する児童生徒一人ひとりの幸せにつながるために，学校は動いたのかを評価しなければならない。研究発表会を開催するまでに学校は様々なことに取り組む。第9章の3「研究発表会までのスケジュール管理」に示したように，研究発表会で公開する授業を各学校の研究テーマに照らしながら作り上げてこなければならない。学校は2，3年かけて研究テーマに示した児童生徒の姿を具現化するために授業づくりに取り組んでくる。この取り組みが，組織的に行われたのかどうかを評価しなければならない。また，教員の実践的な指導力が向上してきたのかも評価しなければならない。さらには，計画したことが確実に実施されたのか否かも評価しなければならない。学校の自己評価について福岡県教育センター（2014）は，学校の自己評価は，自校の教育目標の達成状況を全体的にみる「網羅型」と年度の重点目標や方策を戦略的にみる「重点型」があり，両方を意識して行う必要があると示している（表9-5参照）。

つまり，研究発表会を行うことによって，自校の重点目標はどの程度達成状されたのかという重点型の評価と学習指導要領で求められる教育は実現されたのかという網羅的な評価を同時に行うということである。

表9-5　網羅型評価と重点型評価（福岡県教育センター，2014）

	網羅型評価	重点型評価
評価のもととなるもの	○学習指導要領全般	○学校経営ビジョン（本年度の重点目標）
評価する項目	○教育課程全般の項目 ○どの学校でも同じような項目	○重点化された項目 ○各学校の特色に応じた項目
評価者	○教職員が中心	○教職員，子供，家庭，地域，学校評議員等

5 研究発表会で報告した成果と課題の活かし方

学習指導要領で求められる教育の実現に向けて

　小・中学校学習指導要領（平成 29 年告示）（文部科学省，2017）は，変化の激しい予測困難な時代を生きる子どもたちに，学校教育で次のような姿を育てたいという願いのもと改訂された。

学校教育で育てたい子供たちの姿（中央教育審議会答申，2011）

- 社会的・職業的に自立した人間として，我が国や郷土が育んできた伝統や文化に立脚した広い視野を持ち，理想を実現しようとする高い志や意欲を持って，主体的に学びに向かい，必要な情報を判断し，自ら知識を深めて個性や能力を伸ばし，人生を切り拓いていくことができること。
- 対話や議論を通じて，自分の考えを根拠とともに伝えるとともに，他者の考えを理解し，自分の考えを広げ深めたり，集団としての考えを発展させたり，他者への思いやりを持って多様な人々と協働したりしていくことができること。
- 変化の激しい社会の中でも，感性を豊かに働かせながら，よりよい人生や社会の在り方を考え，試行錯誤しながら問題を発見・解決し，新たな価値を創造していくとともに，新たな問題の発見・解決につなげていくことができること。

　このような子どもたちを育成するために，社会に開かれた教育課程の実現や 3 つの資質・能力の育成が求められ，主体的・対話的で深い学びへの授業転換，カリキュラム・マネジメントの実施，キャリア教育の充実などの取り組みが求められている。これからの研究発表は，学習指導要領で求められる教育の実現に向けて行われるべきであり，これまでの研究発表会で主流であった，一定の教科の指導法のみを追求する校内研究では，これからを生きる子どもたちに必要な資質・能力を育成するには不十分であると考える。これからの校内研究は，様々な問題に出合った時でも，他者と協力して主体的に問題を解決しようとす

る人間の育成という新たなかたちで取り組まれなければならないと考える。

■2■　校内研修はどのように変えられるのだろうか

　学習指導要領の改訂で校内研修も変わる必要があると述べたが，どのような方向で校内研修を変えることができるのであろうか。

　次の図 9-2 は，ある研修会の演習の中で発表のあった K 高等学校のキャリア教育の全体計画である。

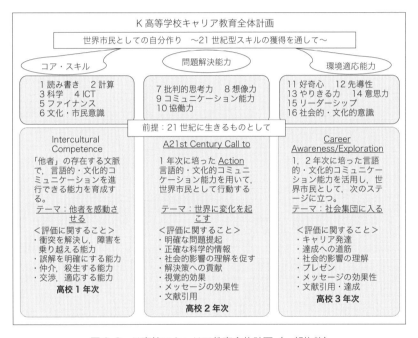

図 9-2　K 高校のキャリア教育全体計画（一部抜粋）

　K 高等学校では，1 年生が「他者を感動させる」，2 年生が「世界に変化を起こす」，3 年生が「社会集団に入る」をテーマに教科・横断的な学習に取り組む。これからは，子どもたちに育成する資質・能力をエビデンスに基づきながら各学校が主体的に探求する校内研究が求められると考える。

補　章

実践論文としてまとめる

　補章では，これまで述べてきたような校内研究をさらに学術的な傾向の強い雑誌に投稿して，実践研究論文として公表する場合の留意点の概略を説明する。これはすべての校内研究が該当するものではないので，「参考」の章としている。まずは投稿先の雑誌選びに始まり，投稿や書き方のルールの確認，そして執筆の際の留意点をまとめてある。これらはあくまでも概要に過ぎないので，さらに詳しく知りたい場合は，その分野や領域の関係者を探して情報を得るのが最も確かな方法であろう。

1.　どの雑誌にするかを決める
2.　投稿規定や執筆要綱を調べる
3.　実践論文執筆の留意点

1 どの雑誌にするかを決める

1 なぜ実践論文にまとめるのか

報告書（レポート）の書き方が8章に書かれているが，それとここでの実践論文とは何が違うのだろうか。ここで説明する実践論文は，学術研究としての位置づけもできるもので，本書の「はじめに」で示した実践研究と学術研究の関係を示した図（p. iii）でいうと，ちょうど両者が重なる（c）の部分にあたる。

校内研究の結果を論文にまとめるということには，次の2つの意義があると考えられる。①学術研究で重視される理論面での位置づけが明確にできるとともに，②その理論的枠組みにおいて，次の実践の改善と展開に貢献できるのである。たとえば，異学年間の縦割り活動であれば，ピア・サポートプログラムという理論的枠組みで考察が可能である。そして，そのピア・サポートプログラムは，同学年内や同じ学級内での相互援助活動の取り組みも含むので，異年齢と同年齢の双方が含まれる取り組みのなかでさらに発展が可能となる。論文にまとめる作業は時間がかかりまたそれなりの労力を要するものであるが，他校や他地域さらには全国の実践の質を高めるために，挑戦の価値があるといえる。

2 雑誌の種類

実践論文を掲載する雑誌にはさまざまな種類があり，表 補-1に大まかな区分を示した。それぞれの種類の雑誌には特徴があるので，それを理解しておく必要がある。商業雑誌でも実践論文を募集することがあるし，また学術雑誌では特集号の場合などにそのテーマに関する専門家に投稿を依頼することがある。投稿者が払う掲載料は，その学会などの会員であれば不要のことが多く，商業雑誌では一般に謝礼が支払われる。

表の中のピア・レビューとは，学術団体の会員が匿名で審査にあたるもので，審査をパスした論文だけがその雑誌に掲載される。この場合には投稿の際に，投稿者がわからないようにするために，投稿原稿には氏名や所属などを書かないことになっている。審査の過程では加筆修正を求められることが多く，こうした手続きによって，論文の質の維持・向上を図っている。ピア・レビューに

よって，本書で注目しているエビデンスの質を高めることが可能となる。

　近年は，インターネットでの論文の公開が一般的になっている。そうした雑誌では，投稿の際にもそれに関する説明があるはずなので，とくに児童生徒が特定されるような書き方や写真資料等の掲載には十分な注意が求められる。

表　補-1　実践論文を掲載する雑誌の種類

雑誌の種類	投稿の形態		ピアレビューによる査読	インターネットでの公開
	依頼	応募		
出版社が発行する商業雑誌	○	△		
大学や研究機関が発行する学術雑誌（例：研究紀要等）		○		○
学術団体が発行する学術雑誌	△	○	○	○＊

※　○＝該当する。△＝数は少ないが該当する場合がある。＊＝有料のものを含む。

3　雑誌の選択

　投稿する雑誌を選ぶ際には，まず自分に投稿する権利があるかを確認する必要がある。たとえば，大学等の学術雑誌であれば，その大学で実施された研究か，卒業生や修了生でなければ投稿できないことが多い。学術団体も，その団体に所属する会員にしか投稿の権利が与えられていない場合があるので，よく確認する必要がある。ただし，広く論文を募るためにこうした制限がない雑誌もあるので，とにかく確認する必要がある（次節参照）。

　具体的に投稿先の雑誌を選ぶ段階では，指導を受けた関係者や周囲の経験者に意見や助言をもらうのがよいだろう。得られた結果やそのエビデンスの質によって，ある程度，雑誌の選択肢が決まってくるが，最初はそうした判断の基準がわからないことが多いからである。

　投稿先の雑誌の選択でもうひとつ参考になるのが，実践研究に取り組む際に先行研究として参考にした論文が掲載されている雑誌を念頭におくということである。そうした雑誌そのものでなくても，その類の雑誌から選ぶという方法が考えられる。あるいは，モデルとなった論文で引用されている論文が掲載されている雑誌も候補になるだろう。

2 投稿規定や執筆要綱を調べる

1 投稿規定とは

投稿規定とは，おおまかにいうとその雑誌が何を目的にしたもので，どのような論文や記事が投稿されるのを期待しているかということを示したものである。ただし，投稿規定の内容は雑誌によって異なり，書き方や分量もさまざまである。そこには，投稿者についての資格や制限が書かれていることもある。論文の投稿を考えたり，実際に論文作成に入ったりする段階で，一度しっかりと目を通しておくとよいだろう。

2 執筆要綱とは

執筆要綱とは，論文の書き方の決まりを示したもので，学術雑誌の場合には名称が異なってもたいていこれに類するものが示されている。ただし，執筆要綱は雑誌によって長短さまざまで，大きな学術団体などではしっかりとした冊子体になっているものもある。内容としては，下に例示したような事項が書かれていることが多い。論文の作成では，目を通しておく必要がある。

執筆要綱の例
（日本学校心理学会執筆要綱を参考に作成）

1. ［研究倫理関連項目］論文等は……人権の尊重に十分配慮されたもの……
2. 論文等は，未公刊のものとする。
3. 投稿論文等の種別は，原著論文，実践報告，展望論文の3種類とする。
4. 論文等の執筆は，次の要項に従って行う。
   (1) 分量［原稿の字数，刷り上がりのページ数など］
   (2) 本文の構成［見出し内容と順序，図表の書き方，引用文献など］
5. 論文提出にあたっては，次の要項に従って行う。
   (1) 提出様式［ファイル形式，ページ設定等］
   (2) 投稿の際には，以下のファイルを別々に用意する。［本文，図，表，など］
※ ［　］内の記述は，記載内容の要約を表す。

3　編集規定とは

　編集規定とは，その雑誌を編集する際のルールを示したものである。雑誌には必ず編集の責任者がいるが，その責任者を長とする編集委員会が設定されていることが多い。その編集委員会を含めて，編集に関する了解事項などを定めたものである。なお，編集の細かいルールは公表されていないこともある。

4　執筆のてびきと具体的な留意点

　雑誌によっては，執筆のためのてびきを作成していることもあるが，内容としては執筆要項の内容と類似しており，それをわかりやすく示したものであることもある。下に，「学校心理学研究」の投稿者に示される留意事項を参考に，一般的な留意点をまとめた。たとえば，論文末に示す引用文献リストの書き方には，かなり細かいルールがあることがわかる。

論文執筆の留意点
（「学校心理学研究」（日本学校心理学会）の著者宛「審査コメント」を参考に作成）

- 見出しの番号，図の番号，表の番号が出現順になるようにする。
- 本文中の引用文献と引用文献リストの著者名・出版年を一致させる。
- 本文で引用した文献は全て引用文献リストに載せる。
- 引用文献は，著者の姓のアルファベット順に配列する。
- 本文中での引用は，引用文献が特定しやすいように注意する。
　　2名の共著の場合：（日本人）石隈・小野瀬，1997（外国人）……
　　3名以上の共著の場合（初出時は著者全員の名前を記す）
　　初出：（日本人）石隈・永松・今田，1999
　　　　（外国人）Reynolds, Gutkin, Eliot, & Witt, 1984
　　2回目以降：（日本人）石隈ら，1999（外国人）Reynolds et al., 1984
- 外国人名はカタカナ表記にせず，原綴で表記する。

---

3 実践論文執筆の留意点

1 ポイントとなること

　論文を執筆する際に特に注意した方がよい点を，いくつか箇条書きに示す。

①論文構成（例：目的，方法，結果，考察，引用文献リストなど）は，執筆要綱などに合わせて設定する。雑誌によっては，構成についての説明がない場合もあるので，その場合はすでに発行済みの論文をいくつか参考にする。

②問題部分は論をわかりやすく展開する。おおまかには，課題意識，先行研究・実践の概要，先行研究・実践の課題や未検討部分あるいは矛盾点の指摘，本研究の目的（場合によっては仮説を含む），そして複数の研究から構成されている場合は，個々の研究の概要とそれらの関係について簡単に説明する（例：……を目的とする。このため，研究1では……し，研究2では……する）。

③方法の部分は，モデルとする論文に合わせて，特に見出しのレベル（例：1，2 → (1)，(2) → a，b）が混乱しないようにする。このレベルがずれると，1章，2章のあとに3章ではなく，突然3節が来るようなことが生じてしまう。

④結果の部分は，まず何を図表にまとめるのかをよく考え，図表の素案を作成する。これによって，図表を見ながら文章を記述できるし，また文章の分量の概要も確認することができる。なお，結果と考察が分かれているのであれば，両者が混ざらないように注意する。

⑤考察は結果を受けて問題部分と対応づけて書く。このため，問題部分で引用された文献の主要なものは考察でも引用されることが多いし，さらに結果の解釈や今後の課題のためには，新たな文献を引用して書く。考察部分で引用文献がまったくないということは，考察の深まりがないことを示しているといえよう。

⑥論文全体に関わるが，記述は段落の区切りに注意する。意味の区切りが段落の区切りになるようにするとともに，段落ごとにその段落の趣旨を表す文（キーセンテンス）を設定すると，読み手に筆者の意図が伝わりやすい。そして，キーセンテンスは，段落の冒頭か末尾にあるとさらに読みやすい文章となる。

⑦文章の接続詞に注意する。「しかし」「また」「さらに」「以上のことから」「た

とえば」「よって」などは，読み手にそれに続く内容をある程度予測させる働きをもつので，それが混乱しないように文意に注意する。たとえば，「以上のことから」とあれば，なんらかのまとめか結論がくるだろうと予想するが，そこで何か新しい話題が出てくると，読み手は論旨をつかみにくくなる。

⑧他の著作物にあった記述や資料あるいは意見等を紹介する際には，必ず引用元を示して，他の著作物からの引用であることを明記する必要がある。図表についても同様であり，安易な「借用」は許されない。そうした引用元が示されていない場合は，すべて著者のオリジナルな考えや意見ということになるので，そうした誤解が生じないように十分に注意する必要がある。

⑨上の⑧に関連して，文献等を引用する際必ずどの論文や著作物なのかを論文末などの引用文献リストに示しておく。なお，雑誌によっては，直接の引用はないが参考にした文献などがある場合には，「引用・参考文献」として示すこともある。これについては，執筆要綱を参照して確かめる必要がある（補章2節参照）。

⑩ピア・レビューによる査読がある雑誌では，投稿後，一定期間して審査結果が戻ってくる。そのときの査読者からのコメントや修正の指示に対しては，よく検討して対応する。こうして，実践論文の質を高めていくことができる。

2　論の一貫性

　論の展開として，問題から考察に至るまで論文全体で一貫性が求められる。たとえば，何かの取り組みで子どものグループの大きさに注目したとする。それは，問題，目的，結果，考察のすべての部分で，このグループの大きさについての記述が必要である。ただし，分析の結果，これには男子か女子かという性別が関係していることがわかったとすると，結果と考察で初めて性別の記述が出てくることは不自然ではない。こうした論の一貫性は，すぐには気づかないかもしれないが，論文の質を左右する事項のひとつなので，留意するとよい。

3　論理的思考の経験

　以上の手続きは，教育実践そのものに比べると地道でかつ手間のかかる作業であるが，筋道を立て観点を絞った思考を行う経験として貴重であり，一度は挑戦する価値があるのでないだろうか。

ワークの解答（例）・解説

ワーク 1-1（→ 13 ページ）

解説

　ワーク 1-1 のポイントは，校内研究の主題（テーマ）を設定するときは自校の学校の教育目標や重点目標との関連を明確にもたせるということである。

　たとえば，A 校には，次のような子どもたちの課題（教育課題）がみられた。

　　① 子どもたちの人間関係が希薄で，いじめやけんかが絶えない

　　② 学習規律が確立されておらず，授業が成立しない

　　③ 教師にしかられることが多く，自分に自信をもてない

　このような課題を解決するために，重点目標を「関わりを深める教育活動の充実」と設定し，地域のひと，もの，こととの関わりを深める教育活動と児童相互の関わりを深める教育活動の充実を図ることによって教育課題の解決に取り組んだ。このときの校内研究の主題（テーマ）は「子ども相互の関わりを深める特別活動の研究」であり，特別活動を課題解決のための領域とした。

ワーク 1-2（→ 19 ページ）

解説

　ワーク 1-2 のポイントは，ひとつは，校内研究の成果をどのような方法で検証しようとしているのかを明確にすることが重要ということである。教師の観察や児童の発言，ノート等の記述内容から児童生徒の変容を分析するという方法がよくみられるが，学校で作成した質問紙調査（学校評価）による評価や学校環境適応感尺度（ASSESS）（栗原・井上，2016），キャリアレジリエンス尺度（坂柳，2016）など既存の尺度などを活用して検証する方法がある。このような検証方法は，校内研究の計画を立案するときに設定しておくことが望ましい。2 つ目のポイントは，校内研究で明らかにしようとしていることと，学習指導要領との関係を明らかにするということである。学習指導要領はその時代

に求められる教育の実現に向けて約10年ごとに改訂される。自校の校内研究は，改訂の主旨とはどのような関係があるのか整理しておくことも肝要である。

ワーク 2-1 (→ 23 ページ)

① ‥‥‥
解答例

　私の小学校では校内研究の主題に「非行防止」を選ぶ。なぜなら，近年地域の中学校で生徒の問題行動が課題とされて，規範意識・規範行動の改善を中学校ブロック全体の課題と位置づけられたためである。

解説

　校内研究のテーマとして5つ具体例をあげたが，選び方のポイントとして，同僚間で共有された主題か，施策の方向性と強く合致した主題かを考える。

② ‥‥‥
解答例

　私の小学校では問題行動は軽微ながら件数が多く，増加傾向にある。よって中学年以上の全体に心理教育を行うことで予防し，軽微な問題行動を数多く起こしている児童を既存の生徒指導ケース会の対象として個別に対応する。

解説

　校内研究の取り組みでは，その問題がどの程度校内で顕在化されているか，どの程度深刻化し広がっているかをふまえる。広く問題がみられるが深刻でない場合は予防だけでもよいが，深刻な課題もあるなら併行するのが好ましい。

ワーク 2-2 (→ 27 ページ)

解答例

中学・高校―中学校の場合

　中学2年生全学級を対象に，既存の「学習計画表」と「自学ノート」による個別支援を，学級単位のキャリアガイダンスと連動させ，定期考査にむけた指導をすることで，生徒の進路意識が高まるかを検討する。

小学校での場合

　中学年・高学年を対象に，個に応じたポジティブなフィードバックを含めた

定例教育相談を行うとともに，学級単位での相手を認め合う活動を併行することで，問題行動が減少したり学校適応感が向上したりするかを図る。

ワーク 2–3 （→ 33 ページ）

解答例

項　目	具体的な内容
① どの期間に	1 学期 5 月後半〜7 月，2 学期 9 月〜12 月
② どの機会に	定期考査に向けた試験準備期間
③ 誰によって	学力向上コーディネーター兼研究主任と各学級担任
④ 誰を対象に	中学 2 年生全学級
⑤ 何の活動を	学習計画とモニタリングシートによる自己管理能力の向上
⑥ 結果の把握	試験結果（各平均点との比較），自己評価，学校適応感尺度 ACCESS

ワーク 3–1 （→ 37 ページ）

解説

　主題が決まっているのであれば，まず子どもの変容のゴール（アウトカム）を決めて，次にその達成のための教育実践活動のゴール（アウトプット）を定めるのがよい。たとえば新しい教科など（例：特別の教科　道徳，外国語など）への取り組みであれば，子どもの達成度（例：知識・技能，意欲，実際の行動など）を具体的に確認できるような目標を定め，次にそれに達するための学習指導のあり方（例：教材開発，指導方法の工夫など）を定めることになる。

ワーク 3–2 （→ 41 ページ）

解説

　「誰が」と「何を」では関係者（例：担任と副担任，主任と委員など）の役割が同等なのかあるいは軽重があるのかを明確にしておくのがよい。また，「誰に」のところは，子ども以外に表 3-1（p. 40）のように保護者や，さらに場合によっては地域住民等を視野に入れるのかどうかは見落としがちである。そして，「いつ」は教育課程での位置づけと考えて検討することになる。取り組み

によっては教育課程外となるかもしれないが，その場合も学校の教育計画のしかるべき箇所に明記して，教職員の共通理解を図る必要がある。

ワーク 3-3（→ 45 ページ）

解説

　資料やデータを集めやすいということから子どもの自己評価が最も一般的に使用されているが，子どもの相互評価や教師による評価ももっと利用されるべきである。そして，最も説得力があるのが実際の行動であるが，これについては事前によく計画して資料収集に不備がないようにしておく必要がある。たとえば，貴重な資料（例：標準学力テスト結果）が 3 年前になるとすでに保存が確認できないといった事例がみられることがある。この場合，経年の変化が追跡できないことになる。

ワーク 4-1（→ 63 ページ）

解答例

　実践の事前事後のデザインをとる。さらに同じ実践を行っても，学級の生徒の実態が大きく異なることがあることを考慮する。

　目的とする成果に関連する要因に関して，それぞれの学級の生徒の特性を分析しておき，その特徴の違いと成果の関係を，対比させながら分析する。

解説

　第 4 章 1 の資料 4-1 の内田・西山・納富（2015）の実践では，UDL を活用した授業の導入を，学校側の方針で 2 つの学級の両方に導入することになった。UDL を活用した授業が，どのように学業達成に影響を与えるかを，最初は，2 つの学級を合わせて事前事後の比較で検討したが，明らかな効果がみられなかった。しかし，再度，2 つのクラスの学業達成の分布を別々にみると，事前に学業達成が高い生徒が多いクラスでは効果がみられず，低い生徒が多いクラスでは，効果がみられることが明らかになった。

ワーク5-1（→71ページ）

解答例

個別の教育支援計画と指導計画の活用を校内に広げ定着させる校内研究の場合

　個別の教育支援計画と指導計画が活用できていない学校で，校内で活用を広げ，授業改善に反映させる研究を行うとしよう。

　校内研究の実践では，学校環境や生徒や学級の実態把握から始める。個別の教育支援計画が必要な対象児が誰であるかの共有を行い，入学式や体育祭において，全職員が関わるときに学びをうながす方向で関われるようにする。

　さらに，校内研修で個別の教育支援計画・指導計画に関して検証を行い作成の演習と授業への反映のしかたを共有する。さらにユニバーサルデザインのモデル授業を行う。

　行事と授業実践を通じて，実態把握を進め，その結果を別の教育支援計画・指導計画に反映させ検証授業を行いその成果を分析する。

　このモデルをもとに，教職員には校内研修を行い，自らが取り組めるようにする。

月	4月	5月	6月	7月	8月	9月	10月	…
行事	入学式 実態把握（家庭環境）	体育祭練習 実態把握（運動面・社会性）	体育祭 授業参観	通知表	夏休み行事	…		
授業	実態把握（学習面）	UD授業計画	検証授業①	補充学習計画	補充授業の実施			
学級活動	学級適応などのアンケート	体育祭の個人目標と全体目標の設定	自己および他者評価					
校内研修	個別の教育支援計画共有と作成指導計画への反映	実態把握 情報共有		検証授業の共有 2学期の目標設定	教材研究 個別指導計画の改善			

解答例

組　織	運営委員会	研究推進委員会	学年会	……
目的・ゴール	学校全体の運営計画の実現 具体化	校内研究の推進 子どもの学力向上	全体の運営計画の学年計画の実現 具体化	
構成員	管理職・学年主任	管理職・研修主任・学年主任	学年主任・副主任 学年教員	
日程・協議内容（時間）	月2回・金曜日 計画実現のための 計画・実行・評価 （1時間）	月2回・金曜日 計画実現のための 計画・実行・評価 （1時間）	週1回・火曜日 計画実現のための 計画・実行・評価 （1時間）	

解説

　現状を把握することで，各委員会が協議した内容をどの委員会に活用してもらうのかなどの情報の流れの改善や，目標達成のためにある委員会にどのようなメンバーを加えたほうが良いかなど改善策が明らかになる。

ワーク5-3 （→87ページ）

解答例

注　意	協力をしているクラスの子どもたちの写真やアンケートへのフィードバックがあることが示され，やりがいがありそうと思える。
関連性	研究では，具体的に何を行っているか，今後何をすべきかの計画や予定が説明されている。成果がどのようにフィードバックされるかも示されている。
自　信	すでに取り組んでいるクラスの様子が紹介され，具体的な計画の見通しが提案されている。児童の交流の写真は，同僚も取り組んでいるのだから，自分もできるだろうと自信につながる。
満足感	研究協力に対しての感謝がのべられており，実践を行えば達成感が得られそうだ。

ワーク6–1（→ 93ページ）

解答例

　私の学校では，いじめ防止を校内研究で取り上げている。市教育委員会が作成した「いじめ防止アンケート」を一次的資料のひとつとして取り上げている。また過去5年さかのぼり，各年度ごとにいじめ発生件数を把握し，終了年度の発生件数と比較する。さらに学校適応感の変化を比較する。

ワーク6–2（→ 97ページ）

解答例

　ケースAの目的は学力や学習にむかう姿勢の全体的向上をみることであるため，テスト結果・宿題の提出率・出席率など，集団をまとめる値を検討する（①）。さらに可能なら，学力の上位・中位・下位の群や特別な配慮を要する群の子どもたちが，他の群と比べて大きく苦戦していないかを群ごとに集団的（①），個別的（②）に確かめると，実践の質をさらに高めることができる。

　ケースBの目的は別室登校の生徒個人の学校適応感の向上であるため，個別的結果を示す（②）。別室登校の生徒が8名いて，別室登校に至った背景や抱える課題は異なるため，全員の平均を示すなどの集約だけでは不十分である。一方で，学年や学校全体でどのような数値を示しているかといった集合的結果（①）が得られれば，それと比較することで，詳細な解釈をすることができる。

ワーク6–3（→ 99ページ）

解答例

①半構造化面接がより好ましい。

　目的が適切な教育援助を行うためであり，学校適応状態のスクリーニング（全員を対象とした気になる事案の把握）を行うためのものであれば保護者の許可は必須ではない。しかしこの内容を校内研究の成果などで個別の事例として公表するなどの場合には，改めて確認が必要である。

②半構造化面接が好ましい。

　目的が適切な教育援助を行うためであり，学習の進捗状況の把握を行うため

のものであれば，保護者の許可は必須ではない。しかしこの内容を校内研究の成果などで具体的事例として示したり，手書きの記述を写真などで示したりするといった場合には，改めて確認が必要である。

ワーク6–4（→ 101ページ）

解説

　B小学校と同様の学校に協力を得られれば比較して，B小学校の特徴を示すことが可能だが，町内の他の2校は規模が異なるなど比較が難しい。よって，B小学校4年生の取り組みを開始前後で比較し，その変化を分析することができる。しかし，事後の変化がその取り組みを行ったからであるか，子どもの自然な成長によるものかを明らかにすることが難しい。その場合に，もし学年内および管理職の理解が得られれば，4学級を2つに分け，実践を行った群（2学級）と行っていない群（2学級）として結果を比較すると，先述の懸念を克服することができる。

※実際には，先に実践を行っていない群も，時期をずらして開始することで等質の教育援助が行われるようにすることが好ましい。

ワーク6–5（→ 103ページ）

解答例

　表では，状況がどのように変化しているかを視覚的に把握することが難しい。

① 基礎的情報は表で表し，個別の変化は折れ線グラフまたは棒グラフに示す。

② 基礎的情報は表で表し，複数の折れ線が併記された折れ線グラフに示す。

ワーク6–6（→ 113ページ）

解答例

状況①

　取り組みの対象となった児童全体には，実践を振り返り，ピア・サポート学習の効果を児童がどのように実感していたかを問う質問紙の回答を求め，児童の取り組みへの評価やそれを継続して使用したいかといった活用の意思を確認することにより，児童の継続的な使用へのモチベーションを図ることができる。

振り返りシートが全員分あるので，学級担任の協力を得たうえで，実践の開始前と後期において，児童の他者に対する関心がどの程度増えたかを，仲間に言及した回数を数えることで把握し，変化を比較することも検討できる。

状況②

学級担任の変化をとらえることができる指標を含む質問紙への回答を，学級担任に依頼することができる。たとえば学級経営に関する教師効力感（クラスレベルの教師効力感：露口，2009），教師の自己効力感（萩原・松原，2016）などで変化をとらえることができる。

ワーク7-1（→119ページ）

解説

第3章1節で説明があったように，アウトプットは教育実践活動に関するもので，具体的に教師側でどのような取り組みが実現したのかを書く。これに対して，アウトカムは取り組みの成果としての子どもの変容を意味しており，確認できた成長点を書く。どちらも，すべて達成できていなくても，どの程度まで進んでいるのかを確認する必要がある。たとえば，「全学年での取り組みだったが，計画通り実施できたのはこれこれの学年だった」「児童のどれどれの面では，半分の達成だった」などである。

ワーク8-1（→127ページ）

解説

ワーク8-1のポイントは，自校で作成される報告書について整理するということである。学校に作成が求められる報告書は，教育委員会が提出を求める「教育指導計画書」や，各月ごとの児童生徒の問題行動などを報告する「月例報告」などの報告が義務付けられているものや，「学校要覧」やホームページなどの学校紹介などのように各学校が自校の取り組みなどを広く保護者や地域住民に説明するものもある。また，本書で取り上げている校内研究に関係する「年度末の校内研究のまとめ」や「研究発表会等時の研究発表要録」などがある。さらに，校長が保護者向けに発行する「学校だより」や各学級担任が発行する「学級通信」なども報告書である。これらの報告書には，貴重なデータが含ま

れていることがあるので，児童生徒の様子を客観的にアセスメントする際に活用することもできる。そのため，これらの報告書を分類整理しておくこともこれからの学校には大切である。

付録：得意な学び方チェックリスト（内田，2016）

得意な学び方チェックリスト

年　　組　　番　氏名

　新しいこと（図形の面積の求め方、英語の be 動詞の使い分け、世界の気候、短距離走の
スタートの仕方、遠近法を用いて風景画を描く、など）を学ぶとき、あなたにとって、ど
のような学び方が一番学びやすいですか？学ぶ内容によって得意な学び方が変わることあ
ると思いますが、当てはまるものすべてに　○　を付けましょう。

領域	項目	○
A	・先生の説明を聞く	
	・生徒(発表者や友達、班の仲間)の説明を聞く	
	・声に出して読む	
	・リズムに合わせて歌う、読む	
B	・教科書や黒板に書いてある説明を読む	
	・動画による説明を見る	
	・先生や友達が実際にやっているところを見る	
	・図や表で示されたものを見る	
	・絵を描いて説明されたものを見る	
C	・まずやってみて説明を聞く(動いてみる、しゃべってみる、書いてみる)	
	・練習問題を解いた後に説明を聞く	
D	・班やグループで学び合う	
	・1対1で先生から教えてもらう	
	・1対1で生徒(友達や班の仲間)から教えてもらう	
	・好きなことと関連付ける	

ご協力ありがとうございました(^-^)。

（→ 63 ページ）

引用文献

第1章

福岡県教育センター（2014）．学校経営 15 の方策　ぎょうせい

福岡県教育庁福岡教育事務所（2015）．福岡教育事務所管内校内研修状況調査

福岡県教育庁福岡教育事務所（2017）．平成 29 年度福岡教育事務所管内校内研修担当者研修会提示資料

飯田順子（2016）．心理教育的アセスメントの方法　日本学校心理学会（編）　石隈利紀・大野精一・小野瀬雅人・東原文子・松本真理子・山谷敬三郎・福沢周亮（責任編集）　学校心理学ハンドブック第 2 版―「チーム学校」の充実をめざして―（pp. 102-103）　教育出版

池上詠子（2019）．自発的・自治的活動を中心とした学級経営の充実―学級活動（1）を校内研究に位置付けた研究推進部や学級担任へのコンサルテーションを通して―福岡教育大学大学院教職実践専攻（教職大学院）年報，9，209-216

石川　中（1984）．TEG 東大式エゴグラム　金子書房

石隈利紀（1999）．学校心理学―教師・スクールカウンセラー・保護者のチームによる心理教育的援助サービス―　誠信書房

Kaufman, A. S., & Kaufman, N. L.（2016）．*KABC-II*. NCS Pearson, Inc. 日本版制作：藤田和弘・石隈利紀・青山真二・服部　環・熊谷恵子・小野純平　丸善出版

栗原慎二・井上　弥（2016）．アセス（学級全体と児童生徒個人のアセスメントソフト）の使い方・活かし方―自分のパソコンで結果がすぐわかる Excel 2016 対応版―　ほんの森出版

宮本友弘（2016）．心理教育的アセスメントの対象　日本学校心理学会（編）石隈利紀・大野精一・小野瀬雅人・東原文子・松本真理子・山谷敬三郎・福沢周亮（責任編集）　学校心理学ハンドブック第 2 版―「チーム学校」の充実をめざして―（p. 200）　教育出版

文部科学省（2017）．小学校学習指導要領（平成 29 年告示）　東洋館出版社

文部科学省（2018）．高等学校学習指導要領（平成 30 年告示）　東洋館出版社

小野瀬雅人（2016）．子どもについてのアセスメント　日本学校心理学会（編）石隈利紀・大野精一・小野瀬雅人・東原文子・松本真理子・山谷敬三郎・福沢周亮（責任編集）　学校心理学ハンドブック第 2 版―「チーム学校の充実をめざして」―（p. 203）　教育出版

坂柳恒夫（2016）．小・中学生の生き抜く力に関する研究―キャリアレジリエンス尺度（CRACS）の信頼性と妥当性の検討―　愛知教育大学研究報告 教育科学編，65，85-97

佐野勝男・槇田　仁（1960）．精研式文章完成法テスト SCT®　金子書房

Wechsler, D.（2010）．WISC-Ⅳ知能検査．Pearson. 日本版制作：上野一彦・藤田和弘・前川久男・石隈利紀・松田　修　日本文化科学社

第2章

淵上克義・今井奈緒・西山久子・鎌田雅史（2006）．集団効力感に関する理論的・実証的研究―文献展望，学級集団的効力感，教師集団効力感作成の試み―　岡山大学教育学部研究集録，131，141-153

平井陽伸・西山久子（2020）．ピア・サポート（PS）プログラムを取り入れた第5学年学級集団づくりの研究―PS グループスーパービジョンでの振り返りを活かした目標設定の展開を通して―　福岡教育大学大学院教育学研究科教職実践専攻（教職大学院）年報, *10*, 87-93

伊澤直美・西山久子（2015）．子供の自己指導能力を育成する方法に関する研究―試行版『クラス会議』の効果の検討―　福岡教育大学大学院教育学研究科教職実践専攻（教職大学院）年報, *6*, 7-14

泉 德明・小泉令三（2016）．教育委員会等のホームページで公開されている社会性と情動の学習プログラム等の分析　福岡教育大学紀要, *65*(6), 1-8

河村茂雄（2006）．学級づくりのための Q-U 入門―「楽しい学校生活を送るためのアンケート」活用ガイド―　図書文化社

松永千景・西山久子（2018）．学校適応感を促進させるピア・サポートプログラムの実践的研究―小学5年生の個人プランニングによる主体性の向上を目指して―　福岡教育大学紀要, *67*(6), 1-7

阪本明美・納富恵子（2011）．小規模中学校における特別支援教育の視点を生かした通常学級の生徒理解推進の研究―特別支援教育コーディネーターへの質問紙調査をもとにした校内研修の工夫―　教育実践研究, *19*, 263-270

第3章

朝倉光陽高等学校（2019）．生活指導と基礎学力の定着を一体とする授業改善の研究　福岡県教育委員会（編）福岡県立学校「新たな学びプロジェクト」平成29年度報告書―「主体的・対話的で深い学び」で未来を創ろう―, 104-115　http://www.educ.pref.fukuoka.jp/html/aratanamanabi/H29report.pdf（2020年5月11日）

泉 德明（2017）．小学校からの「荒れ」の予防に関する研究―中学校区の3小学校における SEL-8S プログラムの共同実施を通して―　福岡教育大学大学院教育学研究科教職実践専攻（教職大学院）年報, *7*, 171-178

香川尚代・小泉令三（2013）．児童の社会的能力を向上させることによる学習への取組促進の効果―小学校低学年での SEL-8S 学習プログラム実践による試行―　教育実践研究, *21*, 259-266

香川尚代・小泉令三（2015）．小学校での SEL-8S プログラムの導入による社会的能力の向上と学習定着の効果　日本学校心理士会年報, *7*, 97-109

木村敏久（2018）．いじめ・不登校問題解消に向けた「北九州子どもつながりプログラム」の効果的な実践―中学校区における小中一貫した指導を通して―　福岡教育大学大学院教育学研究科教職実践専攻（教職大学院）年報, *8*, 121-128.

小泉令三・山田洋平（2011）．社会性と情動の学習（SEL-8S）の進め方　小学校編　子どもの人間関係能力を育てる SEL-8S（2）　ミネルヴァ書房

佐竹真由子（2020）．中学校における不登校の未然防止の取組― SEL-8S プログラムを使った社会的能力の向上を通して―　福岡教育大学大学院教育学研究科教職実践専攻（教職大学院）年報, *10*, 155-162

第4章

CAST（2011）．*Universal Design for Learning Guidelines version 2.0*. Wakefield, MA: Author.　学びの

ユニバーサルデザイン（UDL）ガイドライン全文（金子晴恵・バーンズ亀山静子 訳）http://udlguidelines.cast.org/binaries/content/assets/udlguidelines/udlg-v2-0/udlg-fulltext-v2-0-japanese.pdf（2020 年 2 月 24 日）

Gargiulo, R. M., & Metcalf, D.（2010）. *Teaching in today's inclusive classrooms: a universal design for learning approach.* Wadsworth Cengage Learning.

小泉令三・山田洋平（2011a）. 社会性と情動の学習（SEL-8S）の進め方 小学校編　子どもの人間関係能力を育てる SEL-8S（2）　ミネルヴァ書房

小泉令三・山田洋平（2011b）. 社会性と情動の学習（SEL-8S）の進め方 中学校編　子どもの人間関係能力を育てる SEL-8S（3）　ミネルヴァ書房

栗原慎二・井上 弥（2016）. アセス（学級全体と児童生徒個人のアセスメントソフト）の使い方・活かし方―自分のパソコンで結果がすぐわかる Excel 2016 対応版―　ほんの森出版

阪本明美・納富恵子（2011）. 小規模中学校における特別支援教育の視点を生かした通常学級の生徒理解推進の研究―特別支援教育コーディネーターへの質問紙調査をもとにした校内研修の工夫―　教育実践研究, *19*, 263-270

鈴木克明（1995）.「魅力ある教材」設計・開発の枠組みについて― ARCS 動機づけモデルを中心に―　教育メディア研究, *1*(1), 50-61

内田慈子（2016）. 確かな学力を育むための「学びのユニバーサルデザイン」による授業改善―中学校における UDL ガイドラインを活用したコンサルテーションを通して―　福岡教育大学大学院教育学研究科教職実践専攻（教職大学院）年報, *6*, 127-134

内田慈子・西山久子・納富恵子（2015）. 学びのユニバーサルデザインによる中学校国語科授業実践―特別な教育的支援が必要な生徒を含む学級全体の学習意欲と学業達成に焦点を当てて―　福岡教育大学大学院教育学研究科教職実践専攻（教職大学院）年報, *5*, 23-30

第 5 章

馬場育実・西山久子（2012）. 大規模小学校における組織的チーム援助の構築に関する研究　教育実践研究, *20*, 239-246

CAST（2011）. *Universal Design for Learning Guidelines version 2.0.* Wakefield, MA: Author. 学びのユニバーサルデザイン（UDL）ガイドライン全文（金子晴恵・バーンズ亀山静子 訳）http://udlguidelines.cast.org/binaries/content/assets/udlguidelines/udlg-v2-0/udlg-fulltext-v2-0-japanese.pdf（2020 年 2 月 24 日）

千々和知子・納富恵子（2012）. 特別な教育的支援が必要な児童が在籍する通常学級のユニバーサルデザイン授業―小学校算数科における若年層教員へのコンサルテーションの試行（特別支援, ポスター発表）　日本教育心理学会総会発表論文集, *54*, 712

千々和知子・納富恵子（2013）. 小学校算数科におけるユニバーサルデザイン授業の試行―児童の学業達成, 算数科への態度と学習的適応における効果―　教育実践研究, *20*, 247-254

後藤和歌子・脇田哲郎（2016）. 学級担任の学級会の指導に関する指導上の課題―教職員の意識調査から―　福岡教育大学大学院教育学研究科教職実践専攻（教職大学院）年報, *6*, 1-6

池上詠子（2019）. 自発的・自治的活動を中心とした学級経営の充実―学級活動（1）を校内研究に位置付けた研究推進部や学級担任へのコンサルテーションを通して―　福岡教育大学大学院教育学研究科教職実践専攻（教職大学院）年報, *9*, 209-216

池上詠子・脇田哲郎（2018）．学級活動（1）を柱にした校内研究の推進に関する課題― 学級活動（1）に関する教師の意識、児童のアセス調査から― 福岡教育大学大学院教育学研究科教職実践専攻（教職大学院）年報，*8*，1-8

稲葉義治（2017）．授業力を高める校内研修 http://www.tym.ed.jp/c10/oshirase/h29/h290810_kounai_kensyu_pre.pdf（2020年2月24日）

石隈利紀（1999）．学校心理学―教師・スクールカウンセラー・保護者のチームによる心理教育的援助サービス― 誠信書房

石隈利紀・田村節子（2003）．石隈・田村式援助シートによるチーム援助入門―学校心理学・実践編― 図書文化社

井内昭・西山久子（2013）．「学校適応を促進できるコーディネーター」を中心とした学校適応援助体制の段階的構築―通常学級に在籍する援助ニーズのある児童へのチーム援助の試行― 教育実践研究，*21*，227-234

香川尚代・小泉令三（2015）．小学校でのSEL-8Sプログラムの導入による社会的能力の向上と学習定着の効果，日本学校心理士会年報（日本学校心理士会），*7*，97-109

河村茂雄（2006）．学級づくりのためのQ-U入門―「楽しい学校生活を送るためのアンケート」活用ガイド 図書文化社

木村敏久（2018）．いじめ・不登校問題解消に向けた「北九州子どもつながりプログラム」の効果的な実践―中学校区における小中一貫した指導を通して― 福岡教育大学大学院教育学研究科教職実践専攻（教職大学院）年報，*8*，121-128

小林朋子（2009）．子どもの問題を解決するための教師へのコンサルテーションに関する研究 ナカニシヤ出版

小泉令三（2011）．社会性と情動の学習（SEL-8S）の導入と実践 子どもの人間関係能力を育てる SEL-8S（1） ミネルヴァ書房

香田陽子・西山久子（2010）．小学校におけるチーム援助についての実践研究―チーム会議の運用と援助ツールの活用を通して― 教育実践研究，*18*，167-174

近藤卓（2013）．子どもの自尊感情をどう育てるか―そばセット（SOBA-SET）で自尊感情を測る― ほんの森出版

栗原慎二・井上弥（2016）．アセス（学級全体と児童生徒個人のアセスメントソフト）の使い方・活かし方―自分のパソコンで結果がすぐわかる Excel 2016対応版― ほんの森出版

持丸修一郎（2017）．学校適応を促進する小学校でのピア・サポートの研究―高学年でのサポート活動の充実を図る低・中学年からのプログラムづくりを通して― 福岡教育大学大学院教育学研究科教職実践専攻（教職大学院）年報，*7*，195-202

長江綾子・栗原慎二・中村孝・石井眞治・米沢崇（2010）．生徒指導主事を対象とした研修プログラムの開発的研究（1）―広島市の生徒指導主事研修プログラムの事例から― 広島大学大学院教育学研究科紀要，*59*，157-166

西山久子（2012）．学校における教育相談の定着をめざして ナカニシヤ出版

西山久子・山本力（2002）．実践的ピアサポートおよび仲間支援活動の背景と動向―ピアサポート／仲間支援活動の起源から現在まで― 岡山大学教育実践総合センター紀要，*2*，81-93．

佐藤博行・納富恵子（2018）．外国語活動における主体的に学ぶ児童を育成するための学習支援―学びのユニバーサルデザイン（UDL）を活用した授業づくりを通して― 福岡教育大紀

172

要，*67*（4），221-229.

鈴木克明（1995）．「魅力ある教材」設計・開発の枠組みについて― ARCS 動機づけモデルを中心に― 教育メディア研究，*1*（1），50-61

内田慈子（2016）．確かな学力を育むための「学びのユニバーサルデザイン」による授業改善―中学校における UDL ガイドラインを活用したコンサルテーションを通して― 福岡教育大学大学院教育学研究科教職実践専攻（教職大学院）年報，*6*，127-134

内田慈子・納富恵子（2015）．PD021 確かな学力を育む学びのユニバーサルデザイン（UDL）を参考にした授業改善―中学校国語科における若年層教員へのコンサルテーションの試行（教授・学習・認知，ポスター発表 D），日本教育心理学会総会発表論文集，*57*，367

矢野知子（2016）．チームによる生徒指導・教育相談体制を定着させる教員の力量向上の試み―教師の職能発達に着目した中学校における 2 段階の校内研修を通して― 福岡教育大学大学院教育学研究科教職実践専攻（教職大学院）年報，*6*，151-158

第6章

萩原康仁・松原憲治（2016）．TALIS2013 における日本の教員の自己効力感についての確認的な多次元項目反応モデルに基づいた一検討 国立教育政策研究所紀要，*145*，1-14

林田篤伸（2017）．一次的援助サービスにおける積極的行動支援の効果に関する研究― PBIS を活用した中学生の規範行動の向上に向けて― 福岡教育大学大学院教育学研究科教職実践専攻（教職大学院）年報，*7*，187-194

井内昭子・西山久子（2013）．「学校適応を促進できるコーディネーター」を中心とした学校適応援助体制の段階的構築―通常学級に在籍する援助ニーズのある児童へのチーム援助の試行― 教育実践研究，*21*，227-234

河村茂雄（2006）．学級づくりのための Q-U 入門―「楽しい学校生活を送るためのアンケート」活用ガイド 図書文化社

香田陽子・西山久子（2010）．小学校におけるチーム援助についての実践研究―チーム会議の運用と援助ツールの活用を通して― 教育実践研究，*18*，167-174

栗原慎二・井上 弥（2010）．アセス（学級全体と児童生徒個人のアセスメントソフト）の使い方・活かし方― CD-ROM 付き！ 自分のパソコンで結果がすぐわかる― ほんの森出版

松永千景（2018）．小学校高学年での学校適応感を促進するピア・サポートプログラムの実践―個人プランニングによる主体性の向上を目指して― 福岡教育大学大学院教育学研究科教職実践専攻（教職大学院）年報，*8*，97-104

三菱総合研究所（2018）．平成 29 年度文部科学省委託調査「教育改革の総合的推進に関する調査研究」エビデンスに基づく教育政策の在り方に関する調査研究報告書 https://www.mext.go.jp/a_menu/shougai/chousa/__icsFiles/afieldfile/2018/07/27/1406944_1.pdf（2020 年 5 月 12 日）

露口健司（2009）．学校組織におけるチームリーダーシップと教師効力感の影響関係 日本教育経営学会紀要，*51*，73-87

山田洋平・小泉令三・中山和彦・宮原紀子（2013）．小中学生用規範行動自己評定尺度の開発と規範行動の発達的変化 教育心理学研究，*61*（4），387-397

矢野知子（2015）．一般教員の教育相談研修に関するニーズ調査 OJT による教育相談担当者養成のための校内研修システムの構築―保護者支援を含む教育相談体制づくりを目指して―

（福岡教育大学教職大学院研究報告会発表資料：未公刊）

第7章

黒水　温（2016）．対人スキルアップ学習の実施とその効果の検証―核のプログラムとショートプログラムを組み合わせたスキル定着のための手立てを通して―　福岡教育大学大学院教育学研究科教職実践専攻（教職大学院）年報，6，135-142

三渕　剛（2015）．児童・生徒の社会的能力を育成するための中学校ブロックでの取組―社会性と情動の学習（SEL-8S）をベースにした「人間関係づくり学習」の導入と実践―　福岡教育大学大学院教育学研究科教職実践専攻（教職大学院）年報，5，167-174

第8章

福岡県教育研究所連盟（編）（1981）．教育研究のすすめ方・論文のまとめ方　第一法規

池上詠子（2019）．自発的・自治的活動を中心とした学級経営の充実―学級活動（1）を校内研究に位置付けた研究推進部や学級担任へのコンサルテーションを通して―　福岡教育大学大学院教育学研究科教職実践専攻（教職大学院）年報，9，209-216

文部科学省（2017）．小学校学習指導要領（平成 29 年告示）　東洋館出版社

文部科学省（2018）．高等学校学習指導要領（平成 30 年告示）　東洋館出版社

第9章

秋田喜代美・ルイス，C.（2002）．授業の研究 教師の学習―レッスンスタディへのいざない―　明石書店

中央教育審議会（2011）．幼稚園，小学校，中学校，高等学校及び特別支援学校の学習指導要領等の改善及び必要な方策等について（答申）

福岡県教育センター（2014）．学校経営 15 の方策　ぎょうせい

福岡県教育委員会（2017-2019）．平成 29・30・31 年度福岡県重点課題研究指定・委嘱事業実施要綱

福岡特別活動希望の会（2013）．いきいき学級経営　1 年生（仲よく助け合う，楽しい学級をつくる），教育技術 MOOK　小学館

池上詠子（2019）．自発的・自治的活動を中心とした学級経営の充実―学級活動（1）を校内研究に位置付けた研究推進部や学級担任へのコンサルテーションを通して―　福岡教育大学大学院教育学研究科教職実践専攻（教職大学院）年報，9，209-216

文部科学省（2017a）．小学校学習指導要領（平成 29 年告示）　東洋館出版社

文部科学省（2017b）．中学校学習指導要領（平成 29 年告示）　東洋館出版社

索引

●あ

ARCS 動機づけモデル　58, 76, 86
ICT 活用　23
アウトカム　36, 119, 122
アウトプット　36, 119, 122
アセスメント　16
アセスメントツール　63
荒れ　45

●い

生き方教育　23
いじめ　80
いじめ発生件数　92
一次的援助サービス（1次支援）　24, 44
1単元　75
一般研修　15
インタビュー（面接）　98
引用　52, 153, 155

●え

SEL-8S プログラム　37, 39, 45, 51, 67, 70
SNS　48
エビデンス　iii, 2, 26, 113
エビデンスの指標　2, 4
援助シート　73

●か

下位項目　95
ガイドライン　62
外部人材　82
学習指導要領　22, 70
学術論文　28
学生用規範行動自己評定尺度　110
学力向上　70
隠れた要因　80
可視化　58
価値づけ　85
学級王国　72
学級風土　24
学校環境適応感尺度（ASSESS）　67, 76
学校経営基本計画　26
学校経営計画　10, 66

学校経営要綱　10
学校適応感　92
カテゴリデータ　94
カリキュラム　70
カリキュラム・マネジメント　19, 132
関連性　58

●き

記述統計　94
機能化　66, 72, 78
規範行動自己評定　94
CAST　62
キャリア教育　23
Q-U アンケート　96
給食の残食量　92
教育課程　66, 70
教育公務員　88
行事計画　66
教師評定　97
共通理解　66
協力群　100, 111
共同実践　66

●く

グラフ化　58

●け

結果　106
研究紀要　128
研究構想図　102
研究計画　91
研究主題　14
研究推進　66
研究デザイン　40, 91
研究発表会　138
研究発表会要録　128
研究倫理　52, 99
言語化　58

●こ

コーディネーター　104
コーディング　94

考察　116
構造化面接　98
校内研究　6, 10
校内研究の推進　56
校内研修　6, 59, 88
公平性の担保　101
校務分掌　66, 72
校務分掌組織　38
個人情報　52, 99
5W1H　64, 105
個別的結果　96
コミュニティスクール　132
根拠　87
コンサルテーション　64, 75, 84

●さ
CiNii（国立情報学研究所学術情報ナビゲータ）
　31
参加意欲　58
3次支援　24

●し
視覚的支援　97
時期　106
試行的実践　56
自己有用感　110
事実　106
自信　58
実践群　100, 111
実践研究　6
質的・量的データ　108
指標　44
社会性と情動の学習　37, 39, 45, 51, 67, 70
社会的基本的自尊感情尺度（SOBA-SET）　76
社会的能力　24
社会に開かれた教育課程　132
集合的結果　94
重点型評価　145
主題研修　15
小学校と中学校の連携　80
小規模小学校　76
小中一貫　80
焦点化　26, 27
情報共有　66
人材育成　82, 141

心的負担　98
心理教育　24, 26
心理教育的アセスメント　16
心理教育プログラム　77

●す
推進統計　95
数値化　58
スーパービジョン　84
スケジュール　50

●せ
生徒指導提要　73
整理（分析）　106
先行研究　28, 30
先行研究・実践　120
先行実践　28

●た
t検定　95
第3期教育振興基本計画　22
対象　106
対照群　111
対照群の決定　101
代表値　94
多肢選択式設問　92
多文化共生社会　23
段落間の関係性　109

●ち
地域社会　48
小さな成功例　50
チーム援助　73, 92
逐語記録（音声記録）　93
注意　58
中核人材　83
中学校区　80
中学校ブロック　26, 80
中断の自由　98

●て
データアクセス記録　93
データ数・種類　94
データの記録　64
デザイン　62

典型的特徴　96

●と
統計用ソフトウェア　95
特別活動　82
独立した群　100
度数分布　94
トップダウン型　6, 26, 55
トラブルシューティング　112

●に
ニーズアセスメント　26
2次支援　24

●ね
年間計画　66
年間指導計画　26

●は
背景状況　104
ハイリスク　27
波及効果　59
働き方改革　72
発達段階　67
半構造化面接　76, 98

●ひ
p 値　95
ピア・サポート　26, 76
ピア・レビュー　150, 155
ビジョンの明確化　56
評価の指標　2
表・グラフ・図　102

●ふ
分厚い記述（Thick Description）　104, 105
フィードバック　58
負担感　73
不登校　80
分散分析　100
分布・変化・内訳・比較　102

●へ
ベースライン　3, 5, 42, 46, 51
平均値　94

別室登校　29

●ほ
ホームページ　48
保健室登校　29
保護者　48
保護者の同意　98
Positive Behavior Interventions and Supports
　（PBIS）　110
ボトムアップ型　6, 26, 55, 74

●ま
学びつづける共同体　83
学びのユニバーサルデザイン（UDL）　62, 74
満足　58

●み
見直し　78

●め
明確化　72

●も
網羅型評価　145
目的　106
目標の設定　36
目標の到達度　111
模式図・関係図・フロー　102
ものさし　44, 51

●ゆ
UDL（学びのユニバーサルデザイン）　39
有意差　95
有意差検定　100

●よ
要因の分析　62

●り
力量形成　83
リーダー　38
理論と実践の融合　iii, iv

●ろ
ロー（素）データ　94

執筆者紹介

小泉令三（こいずみ　れいぞう）
序章，第 3 章，第 7 章，補章
1955 年　福井県に生まれる
1987 年　広島大学大学院教育学研究科博士課程前期修了
現　在　福岡教育大学大学院教授　博士（心理学）

　主著・論文
　　キーワード生徒指導・教育相談・キャリア教育（共編著）　北大路書房　2019 年
　　キーワードキャリア教育―生涯にわたる生き方教育の理解と実践（共編著）　北大路書房　2016 年
　　子どもの人間関係能力を育てる SEL-8S　1―社会性と情動の学習（SEL-8S）の導入と実践　ミネルヴァ書房　2011 年
　　社会性と感情の教育―教育者のためのガイドライン 39（編訳）　北大路書房　2000 年
　　本当のかしこさとは何か―感情知性（EI）を育む心理学（共著）　誠信書房　2015 年

西山久子（にしやま　ひさこ）
第 2 章，第 6 章
1965 年　岡山県に生まれる
2010 年　兵庫教育大学大学院連合学校教育実践学専攻修了
現　在　福岡教育大学大学院教授　博士（学校教育学）
　　　　公認心理師・学校心理士・臨床心理士

　主著・論文
　　学校における教育相談の定着をめざして（単著）　ナカニシヤ出版　2012 年
　　キーワードキャリア教育―生涯にわたる生き方教育の理論と実践（共編著）　北大路書房　2016 年
　　必携　生徒指導と教育相談―生徒理解，キャリア教育，そして学校危機予防まで（共編著）　北樹出版　2018 年
　　チーム学校での効果的な援助―学校心理学の最前線（共著）　ナカニシヤ出版　2018 年
　　学校教育相談の理論と実践（共著）　あいり出版　2018 年

納富恵子（のうとみ　けいこ）
第 4 章，第 5 章
1958 年　山口県に生まれる
1983 年　九州大学医学部卒業後精神科医として勤務
現　在　福岡教育大学大学院教育学研究科教授

　主著・論文
　　子どもの健康を育むために―医療と教育のギャップを克服する　学術会議叢書（23）（共著）　日本学術協力財団　2017 年
　　はじめての特別支援教育―教職を目指す大学生のために　改訂版（共編著）　有斐閣　2014 年
　　自閉症の基本障害の理解とその支援・対応法（共編著）　明治図書　2009 年

合理的配慮の求めに応じることのできる教員の養成　教育と医学 66（11）　慶応義塾大学出版　2018 年

脇田哲郎（わきた　てつろう）
第 1 章，第 8 章，第 9 章
1956 年　鹿児島県に生まれる
1979 年　鹿児島大学教育学部特別教科保健体育教員養成課程卒業
現　　在　福岡教育大学大学院教授（特別活動）

主著・論文
新学習指導要領の展開特別活動編（共著）　明治図書　2019 年
小学校新学習指導要領ポイント総整理特別活動（共著）　東洋館出版　2019 年
キーワードキャリア教育―生涯にわたる生き方教育の理解と実践（共著）　北大路書房　2016 年
教職大学院における「特別活動の理論と実践」の授業提案―実践的指導力を育成する内容構成を
　　通して　福岡教育大学大学院教育学研究科教職実践専攻（教職大学院）年報第 8 号，31-38，
　　2018 年
学級経営の充実に資する小学校係活動の研究―居心地の良い集団による遊びを基盤とする活動を
　　通して　福岡教育大学大学院教育学研究科教職実践専攻（教職大学院）年報第 9 号，139-146，
　　2019 年

校内研究の新しいかたち
―エビデンスにもとづいた教育課題解決のために―

2020年 9 月10日　初版第 1 刷印刷
2020年 9 月20日　初版第 1 刷発行

定価はカバーに表示
してあります。

著　　　者　　小　泉　令　三
　　　　　　　西　山　久　子
　　　　　　　納　富　恵　子
　　　　　　　脇　田　哲　郎
発　行　所　　㈱北大路書房
　　　　　　　〒603-8303　京都市北区紫野十二坊町12-8
　　　　　　　電　話　（075）431-0361㈹
　　　　　　　ＦＡＸ　（075）431-9393
　　　　　　　振　替　01050-4-2083

©2020　　　　　　　　　　　印刷・製本／創栄図書印刷㈱
　　　　　　　検印省略　落丁・乱丁本はお取り替えいたします。
　　　　ISBN978-4-7628-3124-9　　　　　Printed in Japan

.